Karl-Dieter Bünting · Henning Bergenholtz
Einführung in die Syntax

Athenäum Taschenbücher
Sprachwissenschaft

Karl-Dieter Bünting · Henning Bergenholtz

Einführung in die Syntax

Grundbegriffe
zum Lesen einer Grammatik

Athenäum
1979

CIP-Kurztitelaufnahme der Deutschen Bibliothek

Bünting, Karl-Dieter:
Einführung in die Syntax : Grundbegriffe zum Lesen e. Grammatik / Karl-Dieter Bünting ; Henning Bergenholtz. – Königstein/Ts. : Athenäum, 1979.
(Athenäum-Taschenbücher ; 2139 : Sprachwiss.)
ISBN 3–7610–2139–9

NE: Bergenholtz, Henning:

Gesamtherstellung: Friedrich Pustet, Regensburg
Printed in Germany
ISBN 3–7610–2139–9

Inhaltsverzeichnis

„In Eurem Kopf liegt Wissenschaft und Irrtum
Geknetet, innig, wie ein Teig, zusammen;
Mit jedem Schnitte gebt Ihr mir von beidem . . .“

Heinrich v. Kleist

Vorwort

Im Laufe der Jahre haben wir in vielen Seminaren und in Veranstaltungen zur Lehrerfortbildung festgestellt, daß immer wieder eine Reihe von Grundbegriffen der Grammatik problematisch werden. Man mache die Probe und frage eine beliebig große Anzahl von Studenten, Lehrern usw., was z. B. ein Wort oder ein Satz ist. Man bekommt unterschiedliche Antworten, die vehement verteidigt werden – und das zu recht: es liegen unterschiedliche Definitionen zugrunde, die auf durchaus ehrwürdigen Traditionen beruhen. Es handelt sich um Begriffe, die sowohl der Gemeinsprache angehören, als auch in wissenschaftlichen Darstellungen zugrunde gelegt werden, und die genau deshalb häufig nicht definiert werden. Es sind dies Begriffe wie Wort, Wortart, Satz, Hauptsatz, Gliedsatz oder Nebensatz, aber auch theoretischere Begriffe wie Subjekt, Prädikat, Objekt, adverbielle Bestimmung, Attribut usw.

Ganz offensichtlich wird in wissenschaftlichen Darstellungen und auch in Volksgrammatiken vorausgesetzt, daß für solche Begriffe ein verläßliches Vorverständnis, ein tradiertes Schulwissen vorhanden ist. Wenn man jedoch die wissenschaftliche Literatur – nicht nur die heutige – zu Rate zieht, stößt man häufig auf Widersprüche, Ungenauigkeiten, Unklarheiten – und auf die Klage über eine verwirrende Terminologie.

In diesem Buch wird der Versuch gemacht, den Gründen für die unterschiedlichen Begriffsnamen und Begriffsinhalte nachzugehen. Es geht uns darum, die Definitionskriterien systematisch und bis zu einem gewissen Grad begriffsgeschichtlich zu erarbeiten und an Textbeispielen vorzuführen und zu überprüfen. Dabei geht es uns wirklich nur um die Grundbegriffe, um die in einer langen Tradition von Grammatiken entwickelte Begrifflichkeit, nicht um bestimmte moderne Grammatiktheorien und linguistische Beschreibungsmodelle, die – schaut man sie sich genauer an – immer wieder auf diese traditionelle Begrifflichkeit zurückgreifen.

Zentrales Anliegen ist es, Begriffe und Verfahren der Syntax (Satzlehre) zu entwickeln. Der Satz ist das Grundmuster, mit dem Wörter zu Texten verbunden werden. Eine Wortlehre ist deshalb nur insoweit berücksichtigt, als die Wortformen und die Wortarten zum Aufbau des Satzes beitragen. Insofern handelt es sich um eine Einführung in die Syntax. Zudem ist der Begriff SATZ in charakteristischer Weise doppeldeutig: In gemeinsprachlichem Gebrauch meint er ein Element des Textes („Was durch Satzzeichen eingegrenzt ist.“). In grammatischen Beschreibungen meint er die größte zu beschreibende Einheit der Grammatik, also des Regelsystems.

Wir haben uns bemüht, unsere Argumentation Schritt für Schritt zu entwickeln und dem Leser, indem wir zahlreiche Textbeispiele deutscher Schriftsteller exemplarisch analysieren, die Fragestellungen, die linguistischen Operationen und die Begriffsdefinitionen anschaulich zu machen.

Wir haben darüberhinaus Übungsaufgaben gestellt, an denen die Problematik und die Relevanz der Fragestellungen und die Begriffsdefinitionen durch eigenes Durcharbeiten überprüft und gefestigt werden können. Wir empfehlen, die Aufgaben durchzuarbeiten und die Lösungen mit den Hinweisen im Anhang zu vergleichen.

Der Umfang des Buches ist so konzipiert, daß es im Laufe eines Semesters durchgearbeitet werden kann. Wir möchten an dieser Stelle unseren Studenten in Essen und Bochum danken, die uns wissentlich und unwissentlich bei der Erprobung geholfen haben.

Wir möchten ebenfalls unseren Familien danken, die uns wissentlich geholfen haben, indem sie uns Arbeitsfrieden gönnten und für unser leibliches Wohl sorgten, und die uns unwissentlich den situativen Hintergrund für den einen und anderen Beispielsatz gegeben haben.

Essen-Kettwig — Karl-Dieter Bünting
Raesfeld-Erle — Henning Bergenholtz

Winter (und was für einer) 1979

0. Einleitung

Die SYNTAX oder, wie man früher allgemein und heute in den Schulgrammatiken sagt, SATZLEHRE, ist jener Teil einer Sprachbeschreibung, der sich mit der Ordnung der sprachlichen Teile in größeren Gebilden befaßt. Ordnung, Teile, Gebilde: das klingt abstrakt; warum sagen wir nicht sogleich: die Syntax erfaßt die Regeln, nach denen Wörter zu Sätzen zusammengefügt werden können bzw. müssen – das genau meint doch der Begriff Satzlehre.

Die Kapitel 1 und 2 mögen darüber Auskunft geben, warum die Sprachwissenschaft mit den Begriffen ‚Wort' und ‚Satz' immer dann behutsam umgeht, wenn genau definierte Begriffe erwartet werden. In dieser Einführung in die Syntax wird es jedenfalls darum gehen, Schritt für Schritt die Prinzipien zu erarbeiten, nach denen größere sprachliche Gebilde (Sätze, Teilsätze z. B.) in kleinere (Satzglieder, Wörter) zerlegt, und umgekehrt, wie die Teile zusammengefügt werden, und was durch das Zusammenfügen erreicht wird. Der Begriffsname Syntax meint genau das: griechisch *syntaxis* bedeutet ‚Anordnung', *syntattein* ‚zusammenstellen'. Nicht zuletzt wird es auch darum gehen, herauszuarbeiten, warum manchmal von Regeln und manchmal von Regularitäten des Satzbaus gesprochen wird.

Im Einleitungskapitel sollen vorab einige Argumente dafür gesammelt werden, die – so hoffen wir – beim Leser, dem wir Interesse an der Sprache unterstellen – ein wenig die Neugier wecken und die Einsicht vorbereiten, daß Syntax und damit ein Kernstück der Grammatik wirklich nicht so trocken und langweilig ist wie ihr Ruf, noch daß syntaktische Kenntnisse so überflüssig sind für jemanden, der sich professionell oder als Liebhaber mit der Sprache beschäftigt.

0.1 Texte sind gegliedert

Beginnen wir damit, uns bewußt zu machen, daß sprachliche Äußerungen in der Tat gegliederte Gebilde und keine amorphe Ansammlung von Lauten bzw. Buchstaben sind. Eine Übung mag helfen.

AUFGABE 0.1: Würden Sie den folgenden Text auch so schreiben? Schreiben Sie den Text so um, daß er ‚normal' wird:

fahrtmitfanclubinden1.mai
derrotweißfanclubfährtsonntagabendmiteinemstraßenbahnzugderevagin den1.maidiefahrtdurchessenbeginntum20uhranderschleifeinbergevorbeck jederkannmitfahrenfürgetränkeundspeisenistgesorgt

(Quelle: WAZ, Freitag, 28. April 1978, 03/01)

Überprüfen Sie, ob Sie beim Umschreiben folgendes getan haben:

(a) Sie haben Lücken zwischen Buchstaben gelassen und damit Wortgrenzen eingefügt. Möglicherweise hatten Sie Schwierigkeiten, z. B. bei *rotweißfanclub* oder *sonntagabend.* Das Original ist unten abgedruckt.

(b) Sie haben Punkte, evtl. ein Komma und andere Satzzeichen eingefügt. Vergleichen Sie mit dem Original und überlegen Sie bei eventueller Abweichung, ob auch Ihre Lösung stimmt.

(c) Sie haben einige Wörter mit großen Anfangsbuchstaben versehen, und das aus zwei Gründen:

– an Satzanfängen (syntaktischer Grund)

– weil es sich um ein Wort der Wortart Nomen handelt (Wortart/Morphologie)

(d) Sind Sie mit der *EVAG,* der *Essener-Verkehrs-Aktien-Gesellschaft,* zurecht gekommen? Auch mit dem *Rot-Weiß-Fanclub* (es geht den Fans um Rot-Weiß Essen, einen Fußballverein).

Der Originaltext:

Fahrt mit dem Fanclub in den 1. Mai
Der Rot-Weiß-Fanclub fährt Sonntag abend mit einem Straßenbahnzug der EVAG in den 1. Mai. Die Fahrt durch Essen beginnt um 20 Uhr an der Schleife in Bergevorbeck. Jeder kann mitfahren. Für Getränke und Speisen ist gesorgt!

Folgerungen aus dieser leichten Übung:

- Sprachliche Äußerungen und Texte sind keine amorphen, sondern gegliederte Gebilde.
- Sie bestehen aus zusammenhängenden Grundeinheiten – nennen wir sie zunächst Wörter; aber da gibt es Probleme (*Sonntag abend* oder *sonntagabend, mitfahren* aber *ich fahre mit*); die Wörter wiederum sind zu größeren Ketten zusammengefaßt, nennen wir sie Sätze und Teilsätze.
- Die Wörter haben unterschiedliche Qualitäten, angezeigt durch Groß- und Kleinschreibung.
- Sind 1. und 20 eigentlich Wörter?

Das sind recht simple Einsichten. Aufgabe der Syntax ist es, diese und andere zu vereinern und zu präzisieren.

AUFGABE 0.2: Die Reihenfolge der Elemente ist nicht beliebig.

(a) Können Sie folgende Zeilen verstehen?

(1) *Wen er tun wolle ließe einrennen den Verwirrung vor Kopf den sich würde bald der was.*

Aber so kann man es verstehen, und so hat Robert Musil es auch in „Der Mann ohne Eigenschaften" geschrieben:

(2) *Wen man tun ließe, was er wolle, der würde sich vor Verwirrung bald den Kopf einrennen.*

Auch die beiden folgenden Versionen geben einen Sinn:

(3) *Wen man tun ließe, was er wolle, der würde sich den Kopf bald vor Verwirrung einrennen.*

(4) *Wen man vor Verwirrung tun ließe, was er wolle, der würde sich den Kopf bald einrennen.*

(b) Bedeuten alle drei Folgen das gleiche?

Die Schlußfolgerung ist wiederum überaus einfach: die Reihenfolge der Teile in Sätzen ist nicht beliebig. Das bedeutet aber nun gerade:

• Es gibt Regeln und Regularitäten, wie die Teile zusammengefügt werden dürfen.

• Die Reihenfolge der Elemente trägt zur Bedeutung bei. Hier sind wiederum zentrale Aufgaben der Syntax angesprochen: Regeln des Satzbaus und das Zusammenwirken von Satzbau und Satzbedeutung sind zu ermitteln.

0.2 Lineare Reihenfolge und nicht-lineare Zusammengehörigkeit

Das Sprechen ist an die Dimension der Zeit, des Ablaufs von Zeit gebunden: Man kann, was man sagen will, nur nacheinander artikulieren. In geschriebener Sprache wird diese eindimensionale Abfolge umgesetzt in die Buchstabenfolge; verschiedene Schriftsysteme haben unterschiedliche Konventionen: In unserem Kulturkreis schreibt man in Zeilen von links nach rechts, allenfalls von oben nach unten in Kolumnen, die aber wiederum von links nach rechts laufen. Andere Konventionen sehen anderes vor, die chinesische Schrift z. B. läuft in Kolumnen, die von rechts nach links geordnet sind. Die einfachste syntaktische Beziehung der Elemente im Satz ist somit von den äußeren Gegebenheiten der Sprachzeichen vorgegeben: Sprachelemente stehen nebeneinander, genauer: sie folgen aufeinander.

Diese einfachste Beziehung der LINEARITÄT wird uns in der Syntax immer wieder beschäftigen: Welche Regeln folgen dem Prinzip der direkten Folge, was tragen sie zur Satzbedeutung bei?

Die einfache Folge ist jedoch nicht die einzige syntaktische Beziehung, wie ein Vergleich der folgenden Beispieltexte zeigt:

(1) *Der Vorsitzende eröffnet die Sitzung nach der Kaffeepause. Er schlägt vor, mit dem sechsten Tagesordnungspunkt fortzufahren und den fünften auf die nächste Sitzung zu vertagen. Die Versammlung stimmt zu, sodaß er nunmehr TOP 6 aufruft.*

(2) *Der Vorsitzende eröffnet die Sitzung nach der Kaffeepause. Er schlägt der Versammlung vor: „Fahren wir mit dem sechsten Tagesordnungspunkt fort. Wir sollten den fünften TOP auf die nächste Sitzung vertagen. Können sie dem zustimmen? Dann rufe ich nunmehr TOP 6 auf.“*

Ein Vergleich der Texte sollte sofort zweierlei deutlich machen:

- Man weiß auch hier nicht so recht, was ein Wort ist

aufrufen – rufe . . . auf
fortfahren – fahren . . . fort
Tagesordnungspunkt – TOP

- Die direkte lineare Folge gibt nicht das einzige Kriterium für Zusammengehörigkeit ab; es gibt noch andere, z. B. Zusammengehörigkeit zu einem Wort: *fortfahren, aufrufen, vorschlagen;* Zusammengehörigkeit der verbalen Glieder *sollten . . . vertagen, könnten . . . zustimmen.*

Aufgabe der Syntax ist es auch, Typen linearer Abfolgen sowie nicht-linearer Beziehungen zu ermitteln und die Regeln des Zusammenwirkens linearer Abfolgen und nicht-linearer Beziehungen der Elemente zu beschreiben. Dabei könnte sich dann z. B. herausstellen, daß in der Tat Satzgrenzen die Grenzen sind, an denen nicht die gleichen oder nicht mehr alle Regeln der Verknüpfung von Teilen zu einem Text wirksam sind.

0.3 *Ausblick auf einige Typen linearer und nicht-linearer syntaktischer Verknüpfungen*

Grammatische Kongruenz

Die engere Zusammengehörigkeit einiger Wörter gegenüber anderen in Sätzen wird dadurch angezeigt, daß gewisse grammatische Kategorien die gleichen sind. Man spricht hier allgemein von grammatischer Kongruenz (lateinisch congruentia = Übereinstimmung, Gleichförmigkeit). Kongruente Formen stehen häufig nebeneinander, sind aber gegen andere zu einer Gruppe zusammengeschlossen.

AUFGABE 0.3: In den folgenden fehlerhaften Sätzen ist jeweils gegen Kongruenzen verstoßen.
(a) Berichtigen Sie die Sätze.
(b) Versuchen Sie, den Geltungsbereich der Kongruenzen mit grammatischen Begriffen zu benennen.
(1) In den verschiedene Bundesland ist die Lehrerausbildung unterschiedlich geregelt.
(2) Manche Bundesländer bildet Stufenlehrer aus, andere bilden Lehrer für das verschiedenes Schultypen aus.
(3) Übereinstimmung in der Sache besteht beim Primarstufenlehrer, das dem Grundschullehrer, der ehemalige Volksschullehrer, entspricht.

Das Zeitgefüge (Tempusgefüge)

Das in einem Satz und Text Ausgesagte wird zeitlich eingeordnet; das geschieht durch die Zeitformen der Verben, bei einigen Gliedsätzen durch Konjunktionen und häufig durch adverbielle Bestimmungen der Zeit. Auch hier gehören Teile zusammen, die häufig weit auseinanderstehen. Drei Typen lassen sich unterscheiden:
A. Consecutio temporum (Zeitfolge von Haupt- und Gliedsatz)
B. Übereinstimmung von Konjunktion und Verbform
C. Übereinstimmung von adverbieller Bestimmung der Zeit und Verbform

AUFGABE 0.4: Berichtigen Sie die folgenden Sätze und ordnen Sie sie A, B oder C zu.
(1a) *Während wir den Wagen kräftig angeschoben hatten, sprang er endlich stotternd an.*
(1b) *Klaus fuhr einmal um den Block, nachdem wir einen Parkplatz suchten.*
(2a) *Gestern werde ich meine Batterie überprüfen.*
(2b) *Nächstes Jahr kaufte ich mir endlich einen neuen Wagen.*

(3a) *Der Wagen sprang sofort an, obwohl es Stein und Bein frieren wird.*
(3b) *Ich komme zu spät, weil mein Wagen nicht angesprungen war.*

Parataxe und Hypotaxe

Weitere syntaktische Gliederungsprinzipien, die die lineare Abfolge der Wörter und Wortgruppen betreffen, zielen auf den Unterschied zwischen einer Gleichordnung der Teile oder der Unter- und damit Überordnung der Teile hin. Die Gleichordnung (Koordination) ist in gewissem Sinne eine lineare Ordnung. Man findet sie 1. zwischen Wörtern, 2. zwischen Satzgliedern und 3. zwischen Sätzen.

AUFGABE 0.5: Welche Teile sind in den folgenden Beispielsätzen gleichgeordnet?
(1) *Fritz und Friederike gehen im Park spazieren.*
(2) *Eine große alte Trauerweide hängt über den Teich.*
(3) *Die beiden Spaziergänger schlendern zum Bootssteg, mieten ein Ruderboot, steigen ein und rudern gemächlich auf den Teich hinaus.*
(4) *Noch scheint die Sonne. Aber im Westen ziehen Gewitterwolken auf. Fritz rudert zum Ufer. Ein Windstoß wirbelt Papier aus den Abfallkörben. Die Terrassenober falten die Tischdecken zusammen, und sie stellen die Gartenstühle schräg. Man kennt hier diese plötzlich losbrechende Sommergewitter.*

Wenn in einem Text die gleichordnenden Strukturen überwiegen, spricht man von Parataxe und parataktischem Stil.

Anders ist es in folgendem Beispiel, wo die Gliedsätze untergeordnet und ineinandergeschachtelt sind. Man spricht hier von Hypotaxe:

Obgleich die Sonne noch scheint, ziehen im Westen Gewitterwolken auf, die Fritz veranlassen, zum Ufer zu rudern; während die Terrassenober, die solche plötzlich losbrechenden Sommergewitter kennen, die Gartenstühle nach dem Falten der Tischdecken schräg stellen, wirbelt ein Windstoß Papier aus den Abfallkörben.

Die syntaktischen Mittel und die – stilistische – Wirkung der Gleich- und Unterordnung sind in der Syntax zu beschreiben. Die folgenden beiden Texte mögen einen Hinweis auf die Wirkung einerseits und auf die Komplexität der Beschreibungsaufgabe andererseits geben, letzteres zumindest, soweit die Hypotaxe betroffen ist. Klar werden sollte bei diesen ersten Texten, daß Stil und Syntax eng miteinander verbunden sind.

An der Ecke war ein Droschkenstand, freilich nur ein kleiner, und so kam es, daß trotz der Inschrifttafel: ‚Halteplatz für drei Droschken' immer nur der Platz und höchst selten eine Droschke da war. So war es auch heute wieder, was mit Rücksicht auf die Mittagsstunde, (wo die Droschken überall, als ob die Erde sie verschlänge, zu verschwinden pflegen) an diesem ohnehin nur auf ein Pflichtteil gesetzten Halteplatz kaum überraschen konnte. Botho ging also weiter, bis ihm, in der Nähe der Von-der-Heydt-Brücke, ein ziemlich klappriges Gefährt entgegenkam, hellgrün mit rotem Plüschsitz und einem Schimmel davor. Der Schimmel schlich nur so hin, und Rienäcker konnte sich angesichts der „Tour", die dem armen Tier bevorstand, eines wehmütigen Lächelns nicht erwehren. Aber so weit er auch das Auge schicken mochte, nichts Besseres war in Sicht, und so trat er denn an den Kutscher heran und sagte: „Nach dem Rollkrug, Jakobikirchhof."

(aus: Theodor Fontane: Baron Botho von Rienäcker)

FRIEDE DEN HÜTTEN! KRIEG DEN PALÄSTEN!

Im Jahre 1834 siehet es aus, als würde die Bibel Lügen gestraft. Es sieht aus, als hätte Gott die Bauern und Handwerker am fünften Tage und die Fürsten und Vornehmen am sechsten gemacht, und als hätte der Herr zu diesen gesagt: „Herrschet über alles Getier, das auf Erden kriecht", und hätte die Bauern und Bürger zum Gewürm gezählt. Das Leben der Vornehmen ist ein langer Sonntag: sie wohnen in schönen Häusern, sie tragen zierliche Kleider, sie haben feiste Gesichter und reden eine eigne Sprache; das Volk aber liegt vor ihnen wie Dünger auf dem Acker. Der Bauer geht hinter dem Pflug, der Vornehme aber geht hinter ihm und dem Pflug und treibt ihn mit den Ochsen am Pflug, er nimmt das Korn und läßt ihm die Stoppeln. Das Leben des Bauern ist ein langer Werktag; Fremde verzehren seine Äcker vor seinen Augen, sein Leib ist eine Schwiele, sein Schweiß ist das Salz auf dem Tische des Vornehmen.

(aus: Georg Büchner: Der hessische Landbote)

KATEGORIEN UND FUNKTIONEN

Zwei einander ergänzende Aspekte sind Grundbestandteil jeder grammatischen Analyse und Beschreibung: der Aspekt der Kategorien, der Grundeinteilung, nach welcher z. B. die große Fülle der Wörter einer Sprache geordnet wird, und der Aspekt der Funktion, der Leistung, die ein Wort, eine Wortform, eine Stelle in der linearen Kette der Formen erbringen. Beide Aspekte ergänzen sich. Das wird besonders deutlich werden beim Problem der Wortartendefinitionen und der Einteilung und Leistung der Satzglieder.

AUFGABE 0.6: Einen ersten Hinweis mögen die folgenden Beispiele geben. Erklären Sie an folgenden Beispielen den Zusammenhang zwischen kategorischem Aspekt (Wortart, Kasus und Wortstellung) und funktionalem Aspekt (Subjekt, Objekt und Leistung für die Satzbedeutung):

(1) Dozenten schreiben Bücher.
(2) Die Bücher lesen die Studenten.
(3) Fritz liebt Friederike.
(4) Friederike liebt Fritz.

Die syntaktische Analyse wird zu überprüfen haben, ob das traditionelle Konzept kategorialer und funktionaler Aspekte für die Analyse syntaktischer Gegebenheiten angemessen ist und sie auf verständliche und nachvollziehbare Weise beschreiben und erklären kann.

0.4 *Bemerkungen zur Terminologie*

Ehe wir die Grundbegriffe der Satzlehre im einzelnen erarbeiten, ist eine Bemerkung zur Terminologie angebracht. So wie man beim Wort zwischen Lautgestalt und Buchstabenfolge einerseits und seiner Bedeutung andererseits unterscheidet, so hat man bei (wissenschaftlichen) BEGRIFFEN zu unterscheiden zwischen dem BEGRIFFSNAMEN und dem BEGRIFFSINHALT. Der Begriffsname bezieht sich auf das Wort, welches zur Benennung des Terminus verwendet wird. Der Begriffsinhalt meint die in der jeweiligen Definition festgelegte und somit verbindliche Bedeutung. (*Definieren* heißt schließlich *eingrenzen*).

Von der Vorgehensweise beim Definieren handeln die einzelnen Kapitel. Als Begriffsnamen werden in den Wissenschaften häufig die klassischen Wissenschaftssprachen Latein und Griechisch benutzt. Wir tun das immer dann, wenn in der traditionellen grammatischen Terminologie solche Begriffsnamen gebräuchlich sind, also z. B. bei den Wortarten (Verb, Adjektiv, Pronomen usw.) und bei Funktionsnamen von Satzgliedern (Subjekt, Prädikat usw.). Man hat zwar immer wieder versucht, hier deutsche und somit „sprechende“ Bezeichnungen zu finden, z. B. Zeitwort, Tunwort, Tätigkeitswort, Richtwort, Verlaufswort für das Verb oder z. B. Satzgegenstand, Grundgröße, Trägerseiendes, Träger, Geschehnisträger, Täter, Handelnder für das Subjekt. Schon die Beispiele zeigen, daß die „sprechenden“ Ausdrücke zugleich Versuche sind, Definitionsmerkmale auszudrücken. Wir werden die lateinischen Termini aus mehreren Gründen verwenden: (1) Die lateinischen Termini sind international verwendbar und verständlich. (2) Die „sprechenden“ Bezeichnungen sind oft un- oder mißverständlich. Wer weiß sofort, was ein ‚Verlaufswort‘ oder ein ‚Richtwort‘ ist? (3) Die lateinischen Termini signalisieren, daß es sich um abstrakt definierte Fachbegriffe handelt.

In anderen Fällen verwenden wir deutsche Begriffsnamen. Das wird immer dann besonders problematisch sein, wenn ein Fachterminus zugleich ein Wort der Gemeinsprache ist, also ein definierter Begriffsinhalt und eine gemeinsprachliche Wortbedeutung vorhanden sind, die selten voll übereinstimmen.

AUFGABE 0.7: Überlegen Sie, wann ein Kind – evt. Sie selbst – gelernt hat, die Wörter *Wort* und *Wortart* zu benutzen.

0.5 *Grammatische Regeln zur Beschreibung von Sprachregeln*

In Grammatiken und grammatischen Beschreibungen erwartet ein Leser, Regeln des Sprachgebrauchs vorzufinden. Was genau mit diesen Regeln gemeint ist, wird allerdings oft nicht gesagt, so daß es zu Statusverwechslungen kommt. Wir treffen folgende Unterscheidungen für Grammatiken und Regeln und somit für grammatische Regeln:

(1) Jeder, der spricht, schreibt, hört, liest, benutzt die Sprache nicht willkürlich, sondern hält sich an Geordnetheiten, die man Regeln nennen kann. Er tut dies wahrscheinlich intuitiv, d. h. unbewußt. Diese REGELN DES SPRACHGEBRAUCHS nennen wir SPRACHREGELN, weil sie Teil des Sprachverhaltens sind. Sie sind in der Psyche jedes einzelnen Menschen zu suchen, man spricht auch von internalisierten (verinnerlichten) Regeln. Wir können jedoch nicht wissen, wie sie wirklich aussehen und wie sie funktionieren. Wir sehen die Ergebnisse ihres Wirkens an den Regularitäten, Regelmäßigkeiten und Geordnetheiten sprachlicher Äußerungen.

(2) Solche Regularitäten sprachlicher Äußerungen bzw. Texte werden in linguistischen Beschreibungen erfaßt, welche man gemeinhin Grammatiken nennt. Die BESCHREIBUNG heißt dann GRAMMATISCHE REGEL. Sie ist eine Rekonstruktion, wie man zu einem im grammatischen Sinne regelmäßigen, geordneten und somit gram-

matisch richtigen Text gelangen kann. Sie können keinesfalls mit den Sprachregeln gleichgesetzt werden, wenn das auch in manchen psycholinguistischen Theorieentwürfen hypothetisch im Sinne eines Modells versucht wird. Insofern die Form der grammatischen Regel Vorschriftcharakter vom Typ „wenn du so und so konstruierst, gibt es einen richtigen Satz" hat, kann der Status der Regel (und damit der ganzen Grammatik) PRÄSKRIPTIV sein; anders gesagt: eine Beschreibung von Sprachregeln hat die Form vorschreibender Regeln und kann als Vorschrift für eine Norm verwendet werden. In Fremdwörtern ausgedrückt: deskriptiv gewonnene Regeln, die präskriptive Form haben, werden normativ-präskriptiv verwendet. Jede Schulgrammatik und jede Gebrauchsgrammatik hat genau diesen Status.

(3) Viele dieser grammatischen Beschreibungsbegriffe und Regeln werden nicht in Zusammenhang mit einem konkret vorliegenden, zitierbaren Buch (einer Grammatik) gebracht, sondern sie sind als Schulwissen zu einem Gemeinwissen geworden. Sie haben den Charakter fachlicher Begriffe verloren. Gerade diese Begrifflichkeit beeinflußt wissenschaftliche Arbeiten in nicht unerheblichem Maße, was jedoch die Fachwissenschaftler sich oder anderen häufig nicht eingestehen. Entweder sie verwenden selbst als Grundbegriffe solche GEMEINSPRACHLICHEN TERMINI, z. B. Satz, Wort, Wortart, Subjekt, oder sie müssen ihre Begriffsdefinitionen auf diese gemeinsprachlichen Begriffe hin abstimmen, wenn sie nicht die Gefahr laufen wollen, falsch oder mißverstanden oder gar nicht verstanden zu werden.

1. Der Satz

Die Syntax, die Satzlehre handelt von Sätzen. Was aber ist ein Satz?

AUFGABE 1.1: Was ist ein Satz? Geben Sie zunächst selbst eine Antwort.

Wir nehmen an, Sie haben jetzt eine Definition für den Satz als sprachliche Einheit gegeben. An eine solche Begriffsdefinition werden wir uns in diesem Abschnitt heranarbeiten.

Vorab sollen noch einige andere Bedeutungen des Wortes Satz erwähnt und damit aus den weiteren Überlegungen ausgeschlossen werden. In der Musik spricht man vom *Satz einer Symphonie, einer Sonate* usw. und meint damit einen abgeschlossenen Teil innerhalb eines größeren zusammenhängenden Werkes. Ähnlich gibt es beim Tischtennis den *Satz* als abgeschlossenen Abschnitt. Briefmarkensammler sprechen von einem *Satz Briefmarken* und meinen wiederum eine abgeschlossene zusammenhängende Gruppe. Ähnlich spricht man von einem *Satz Reifen* oder einem *Satz Werkzeuge,* z. B. Schraubenschlüsseln verschiedener Größe. Im Geldverkehr gibt es einen *Zinssatz.* Weiterhin können Frösche, Hasen und auch Weitspringer *einen großen Satz machen.* Auguren lesen Wahrheiten aus dem *Kaffeesatz.* Schließlich bemühen sich der Hersteller und der Setzer darum, einem Buch einen *guten Satz* zu geben.

Aus dieser Aufzählung folgt, daß das Wort *Satz* in der Gemeinsprache vieldeutig ist, oder wie manche Lexikologen argumentieren, daß es mehrere Wörter mit der lautlichen Repräsentation bzw. graphematischen Repräsentation *Satz* gibt. Es wäre sicherlich interessant zu untersuchen, ob den verschiedenen Bedeutungen bzw. Wörtern Bedeutungsähnlichkeiten gemeinsam sind. Im Rahmen dieser Einführung in die Syntax werden wir jedoch genug damit zu tun haben, herauszufinden, wie viele verschiedene Satzdefinitionen für den sprachlichen *Satz* die Sprachwissenschaft bereithält. Festgehalten werden kann, daß offensichtlich in (fast) allen Bedeutungen ein Aspekt geschlossener Einheit und ein Aspekt des Gesetzten (*Satz* ist nomen acti zum Verb *setzen*) enthalten ist.

1.1 *Satzdefinitionen*

Der Prager Germanist John Ries hat in seinem 1931 veröffentlichten Buch „Was ist ein Satz?" 141 Satzdefinitionen zusammengestellt. Bereits vier Jahre später erschien die Arbeit „Geschichte und Kritik der wichtigsten Satzdefinitionen" von Eugen Seidel, der stolz war, weitere 83 Definitionen gefunden zu haben. Auch später sind immer wieder Satzdefinitionen erstellt worden, z. T. mit neuen Terminologien. Im Grundsätzlichen unterscheiden sie sich kaum von den älteren Satzdefinitionen. Diese große Anzahl verschiedener Definitionen ist nicht nur für die Wissenschaftsgeschichte des Begriffes ‚Satz' von Interesse, sondern zeigt das Problem sehr deutlich:

> In der Sprachwissenschaft und z. T. in der Sprachphilosophie wird der Begriff ‚Satz' in verschiedenen Zusammenhängen theoretischer wie praktischer Art benötigt und entsprechend verschieden definiert.

Wir werden im folgenden einige Definitionsrichtungen behandeln und dabei jeweils eine Reihe der Ries'schen und Seidel'schen Definitionen als Beispiele bringen. Am Ende werden wir zu prüfen haben, ob wir für diese Einführung zu einer verbindlichen Satzdefinition gelangen können.

Satzdefinitionen enthalten verschiedene Aspekte: psychologische, logische, semantische, grammatische (entweder auf die syntaktische Konstruktion oder auf die Eigenständigkeit in einem Text bezogen). Manche Definitionen beschränken sich auf einen dieser Aspekte, manche beziehen mehrere ein. Worum geht es?

PSYCHOLOGISCHER ASPEKT

Psychologische Satzdefinitionen beziehen sich darauf, daß man beim Sprechen bzw. Schreiben eine gedankliche Einheit, die auch Vorstellung oder ähnlich genannt wird, in eine sprachliche Einheit faßt, und diese nennt man dann einen Satz. Beispiele für solche Definitionen sind (diese und folgende Definitionen aus Ries 1931 und Seidel 1935, genaue bibliographische Angaben auch dort):

> „der in gegliederter Lautgebung erfolgende Ausdruck einer Vorstellung, einer Vorstellungsmasse oder auch der Verbindung zweier Vorstellungen oder zweier Vorstellungsmassen, der dem Sprechenden und dem Hörenden als ein zusammenhängendes und abgeschlossenes Ganzes erscheint."
>
> L. Sütterlin 1900

„a thought expressed in word is a sentence“ G. O. Curme 1913

„ein sprachliches Gebilde, das einen seelischen Vorgang verkörpert“ O. Behagel 1926

„der sprachliche Ausdruck, das Symbol dafür, daß sich die Verbindung mehrerer Vorstellungen oder Vorstellungsgruppen in der Seele des Sprechenden vollzogen hat und das Mittel dazu, die nämliche Verbindung der nämlichen Vorstellungen in der Seele des Hörenden zu erzeugen“ H. Paul 1909

Überprüfen wir die Verwendbarkeit solcher Definitionen an folgendem Textstück:

Stahlblau und leicht, bewegt von einem leisen, kaum merklichen Gegenwind, waren die Wellen des Adriatischen Meeres dem kaiserlichen Geschwader entgegengeströmt, als dieses, die mählich anrückenden Flachhügel der kalabrischen Küste zur Linken, dem Hafen Brundisium zusteuerte, und jetzt, da die sonnige, dennoch so todesahnende Einsamkeit der See sich ins friedvoll Freudige menschlicher Tätigkeit wandelte, da die Fluten, sanft überglänzt von der Nähe menschlichen Seins und Hausens, sich mit vielerlei Schiffen bevölkerten, mit solchen, die gleicherweise dem Hafen zustrebten, mit solchen, die aus ihm ausgelaufen waren, jetzt, da die braunsegeligen Fischerboote bereits überall die kleinen Schutzmolen all der vielen Dörfer und Ansiedlungen längs der weißbespülten Ufer verließen, um zum abendlichen Fang auszuziehen, da war das Wasser beinahe spiegelglatt geworden; perlmuttern war darüber die Muschel des Himmels geöffnet, es wurde Abend, und man roch das Holzfeuer der Herdstätten, sooft die Töne des Lebens, ein Hämmern oder ein Ruf von dort hergeweht und herangetragen wurden.

Es handelt sich um den ersten Absatz aus Hermann Brochs „Der Tod des Vergil“. Ist das nur ein Satz oder sind das mehrere Sätze? Oder ist das nur Teil eines Satzes, da nur Teil eines Gedankens? Mit den psychologisierenden Definitionen haben wir hier zwei Probleme.

(1) Ein methodisches Problem: Wir interpretieren aufgrund einer sprachlichen Äußerung, die mit syntaktischen Merkmalen, insbesondere Satzzeichen, versehen ist, ob sie für uns eine Gesamtvorstellung oder ein Gedanke sein kann oder gegebenenfalls, ob sie vom Autor als solche geäußert ist; wir können also nur INTERPRETIEREND definieren und nicht regelvorgebend.

(2) Ein definitorisches Problem: Die wichtigsten Bestimmungsstücke, nämlich GEDANKE und VORSTELLUNG, sind ungemein vage. Man könnte z. B. sagen: die Gesamtvorstellung der Ankunft des kaiserlichen Geschwaders sei keinesfalls mit diesem ersten Absatz ausge-

drückt, schließlich geht der Text so weiter: *„Von den sieben hochbordigen Fahrzeugen, die in entwickelter Kiellinie einander folgten, gehörten bloß das erste und das letzte . . .“* Andererseits könnte man sagen, bereits die ersten Zeilen könnten in folgende Gedanken aufgelöst werden:

– Wellen des adriatischen Meeres waren dem kaiserlichen Geschwader entgegengeströmt.
– Dieses steuerte dem Hafen in Brundisium zu.
– Er hatte die Flachhügel der kalabrischen Küste zur Linken.
– Die Einsamkeit der See wandelte sich ins friedvoll Freudige menschlicher Tätigkeit.
– Die Einsamkeit war todesahnend.
– . . .

Man könnte noch weiter aufteilen und sagen, eigentlich wären folgende Äußerungen jeweils einzelne Gedanken:

– Wellen sind stahlblau.
– Wellen sind leicht.
– und
– Die Bewegung stammt von einem Gegenwind.
– Der Gegenwind ist leise.
– Der Gegenwind ist kaum merklich.

Aus diesen Überlegungen ergibt sich, daß eine Satzdefinition, die von dem psychologischen Aspekt des Gedankenfassens oder der (Gesamt-)Vorstellung ausgeht, für eine handhabbare Satzdefinition nicht zu gebrauchen ist. Das hängt mit dem oben (s. Einleitung) ausgesprochenen Gesichtspunkt zusammen, daß psychische Momente des Sprechens für das Sprechen wichtig sind, aber für die Beschreibung sprachlicher Strukturen nicht herangezogen werden können. Eine solche Statusverwechslung von Sprachregeln und grammatischen Regeln, wie sie in psychologisierenden Definitionen vorliegt, verwirrt, anstatt zu klären. Wer weiß, was ein Satz ist, z. B. weil er sich an Satzzeichen orientiert, der kann natürlich interpretierend nachvollziehen, daß der Satz eine Gesamtvorstellung ausdrückt.

LOGISCHER ASPEKT

Sehr ähnlich verhält es sich mit Definitionen, die einen logischen Aspekt in die Definitionen aufnehmen, eigentlich immer zusammen mit einem psychologischen. In der Logik verwendete Ausdrücke wie URTEIL und AUSSAGE haben im Zusammenhang eines logischen Kalküls einen genauen Stellenwert, sind aber der natürlichen Sprache übergestülpt und für die Definition von so etwas Komplexem wie einem Satz genauso vage wie die rein psychologischen Definitionen, vgl. folgende Definitionen:

„Ein mit Worten ausgedrücktes Urteil ist ein Satz."

K. F. Bachmann 1828

„Der Satz ist ein wörtlich dargestelltes Urteil. Im Satz wird das Urteil gleichsam vor uns hingestellt, es wird objektiv."

W. T. Krug 1828

„Was die Logik ein Urteil, nennt der Grammatiker einen Satz."

W. St. Jevons 1906

„der sprachliche Ausdruck für die willkürliche Gliederung einer Gesamtvorstellung in ihre logische Beziehungen zueinander gesetzten Bestandteile."

W. Wundt 1904

Der Versuch, die Sprache mit logischen Mitteln zu erfassen, ist so alt wie die Sprachwissenschaft selbst, und Begriffe wie Subjekt, Prädikat, Substantiv, Verb usw. gehen auf eine logische Tradition zurück. Aber gerade für die Definition, was ein Satz ist, reicht der logische Aspekt nicht aus.

Semantischer Aspekt

Semantische Definitionen gehen von der Bedeutung sprachlicher Formen aus, d. h. sie bleiben auf die Sprachen bezogen und ersetzen Bestimmungsstücke wie „Gedanke", „Vorstellung" und „Urteil" durch „Bedeutung", z. B.

„Speech is made up of separate sayings, each complete in itself [. . .] these sayings are sentences. Any complete meaning is a sentence."

A. Bain 1879

„ein Bedeutungsgefüge von derjenigen Form, durch die (in der betreffenden Sprache) Sachverhalte als abgeschlossen gemeint werden."

W. Porzig 1924

„die einfache, selbständigen, in sich abgeschlossenen Leistungseinheiten oder kurz: die Sinneinheiten der Rede."

K. Bühler 1920

Grammatischer Aspekt

Allen bisherigen Definitionsweisen ist gemeinsam, daß sie sich auf die Bedeutung von Äußerungen bzw. deren logische bzw. psychologische Eigenschaften beziehen. Die folgenden Definitionen gehen außerdem auf die grammatischen Aspekte sprachlicher Äußerungen ein.

Einige solcher Definitionen berücksichtigen, daß es um ein lautliches Gebilde geht, das vom Sprecher artikuliert wird:

„äußerlich betrachtet ein abgeschlossenes Lautganzes, innerlich betrachtet der Ausdruck eines abgeschlossenen Vorstellungsganzen."

K. Bojunga 1902

„eine in artikulatorischer Rede erfolgende Äußerung, die ihrem Sinne nach dem Sprechenden und dem Hörenden als ein in sich zusammenhängendes und abgeschlossens Ganzes erscheint."

K. Brugmann 1904

„Unter einem Satz wollen wir hier eine jede selbständige gesprochene Äußerung verstehen, d. h. jede in sich geschlossene Lautmasse, die in einem gegebenen Zusammenhange [. . .] einen bestimmten Sinn [. . .] zum Ausdruck bringen soll und in diesem bestimmten Sinn vom Hörer verstanden wird."

E. Sievers 1901

Weiterhin wird als Kriterium die Gegliedertheit in Wörter oder spezifischer das Vorhandensein von Subjekt und Prädikat oder eines finiten Verbs herangezogen. Die Tradition, die Gegliedertheit in Wörter und insbesondere das Vorhandensein von mindestens Subjekt und Prädikat fordert, liegt dem auch heute noch gebräuchlichen Modell einer Konstituentenstrukturgrammatik und einer funktionalen Grammatik zugrunde. Die Tradition, das Vorhandensein eines finiten Verbs zu fordern, ist implizit in dependenzgrammatischen Analysen enthalten, die die Satzstruktur vom Verb her aufschlüsselt. Einige Beispiele:

„die Rede zerfällt in Sätze, deren jeder aus einem Subj[ekt] u. dessen Präd[ikat] besteht. [. . .] ein jedes einem Subj[ekt] entweder zu- oder abgesprochenes Präd[ikat] macht einen Satz aus."

J. C. Adelung 1782

„Die Form der Rede ist der Satz u. zwar der mehrgliedrige Vollsatz. [. . .] Eine Wortverbindung ohne Verb. fin. kann im Deutschen keinen vollständigen Satz darstellen."

H. Amman 1925

„Jeder vollständige Satz erfordert wenigstens zwei Glieder: Subjekt und Prädikat."

A. Engelien 1892

„was kine finite Verbform enthält, ist der morphologischen Beschaffenheit nach kein Satz."

A. Noren 1923

„Reden heißt Gedachtes aussprechen. Jeder Gedanke verbindet einen

Gegenstand mit einer Vorstellung, jeder Satz der Rede fordert daher ein Subjekt und ein Prädikat.“

J. Grimm 1837

„Vom rein grammatischen Standpunkte aus läßt der Begriff des grammatischen Satzes sich wie folgt definieren: Ein Satz ist das Ergebnis der Verbindung eines Nomens mit einer Form eines Verbum finitum.“

G. Körting 1905

Eine weitere Tradition der Satzdefinition schließlich faßt den Aspekt des abgeschlossenen Gedankens und überträgt ihn auf die Sprache; dabei wird einerseits auf Abgeschlossenheit, für Sich-Stehen-Können in der Rede hingewiesen, andererseits steht immer wieder das Moment der Ganzheit im Vordergrund:

„A sentence is a construction, which, in the given utterance, is not part of any larger construction. Every utterance therefore consists of one or more sentences, and even such utterances as Latin „pluit“, Engl. „Fire“ are sentences.“

L. Bloomfield 1926

„a (relatively) complete and indenpendent human utterance, the completeness and independence being shown by its standing alone i.e. of being uttered by itself.“

0. Jespersen 1924

„der Satz dagegen ein Wort oder eine Gruppe von Wörtern, die in der gesprochenen Sprache als Ganzes erscheinen, die sich als eine Mitteilung eines Sprechenden an einen anderen darstellen.“

W. Meyer-Lübke 1899

Wenn wir die verschiedenen Ansätze zur Satzdefinition noch einmal durchgehen, kommen wir auf einige Übereinstimmungen: Es geht um eine Ganzheit, Abgeschlossenheit und damit um Selbständigkeit im Sinne des Für-Sich-Allein-Stehen-Könnens oder als Teil eines größeren Zusammenhanges, und es geht schließlich um Gegliedertheit. Diese abstrakten Merkmale werden in Beziehung gesetzt zu psychologischen Bestimmungen (Gedanke, Vorstellung), logischen Begriffen (Urteil, Aussage), sowie zu solchen Bestimmungen, die sich auf die Sprache beziehen (artikulatorische Einheit, finites Verbum, Subjekt und Prädikat). Es kommt also offensichtlich darauf an, unter welchen Gesichtspunkten und zu welchem Zweck man Sprache betrachtet. Die Satzdefinitionen werden dementsprechend verschieden ausfallen. Das hat sich auch heute noch nicht geändert gegenüber den von uns bewußt aus der langen Tradition der Sprachwissenschaft angeführten Zitaten.

AUFGABE 1.2: Welche Kriterien sind für folgende Satzdefinitionen, die alle neueren Datums sind, herangezogen worden?

(1) „Unabhängige sprachliche Form, die durch keine syntaktische Beziehung in eine größere sprachliche Form eingebettet ist."

Funk-Kolleg 1 1973,442

(2) „Somit können wir den Satz (frz. phrase, engl. sentence) definieren als eine Äußerung, in der sich alle Elemente an eine einzige oder an mehrere gleichgeordnete Prädikate anschließen."

Martinet 1970,120

(3) „sprachlicher, nach bestimmten Regeln aufgebauter, sinnvoller Ausdruck eines in sich abgeschlossenen Gedankens"

Wahrig 1968,3038

(4) „Der ‚Satz' stellt die Domäne für die Distributions- und Kombinationsregeln der Einheiten des Sprachsystems dar. Der Satz hat seine Entsprechung im kognitiven Elementarvorgang des Prädizierens, dessen Manifestation eben sprachlich als (minimaler) ‚Satz' erscheint. Die Logik hat davon die Grundeinheit ‚Proposition' abstrahiert. Und in klarer Übereinstimmung damit, daß der ‚Satz' diejenige Einheit ist, mithilfe der sich die Konstitution und Verbalisierung von Sachverhalten zuträgt (Prädikation!), spielt die Struktureinheit ‚Satz' im Prozeß der Spracherlernung die primäre Rolle."

Lang 1973,285f. zitiert aus Abraham 1974

Zu versuchen, eine allgemeine Satzdefinition zu geben, wäre ein Unterfangen, das zu sehr abstrakten Formulierungen führt, und eben deshalb wäre es für konkrete und praktische Fragestellungen wie z. B. für eine Schulgrammatik ohne Nutzen. Wir werden für das folgende keine allgemeine Satzdefinition versuchen, sondern die SYNTAKTISCHEN GEGEBENHEITEN genauer betrachten (Merkmal: GEGLIEDERTHEIT) und von diesen her verschiedene Typen, Arten und Bildungsmuster von Sätzen bestimmen (Merkmale: VOLLSTÄNDIGKEIT und RELATIVE SELBSTÄNDIGKEIT). Daß es sich um Bedeutungseinheiten handelt, hinter denen Gedanken und Vorstellungen eines Sprechers oder Schreibers stehen, die also sinnvoll sind, und die als Äußerungen Teile echter Rede bzw. Texte sein könnten, und die schließlich auch im logischen Sinne als Urteile oder Aussagen aufgefaßt werden könnten, setzen wir für das weitere voraus.

1.2 *Sätze in Texten und in Grammatiken*

Um zu einem genaueren Satzbegriff zu kommen, muß man grundsätzlich unterscheiden, ob man über den Satz als Teil eines konkreten Textes, also als kommunikatives Ereignis, als Teil der Rede, als Äußerung spricht oder über den Satz als grammatischen Begriff.

SÄTZE IN TEXTEN sind für uns solche Einheiten, die durch Satzzeichen eingegrenzt sind[1]: durch Punkt, Semikolon, gegebenenfalls Ausrufe- oder Fragezeichen. Diese Sätze sind entstanden, weil jemand etwas sprachlich ausdrücken wollte. Ob er dabei intuitiv den Sprachregeln gefolgt ist oder bewußt grammatische Regeln angewendet hat (vgl. Einleitung), ist irrelevant[2].

GRAMMATISCHE SÄTZE sind sprachliche Einheiten, die den Bedingungen entsprechen, die in einer Grammatik für die Wohlgeformtheit von Sätzen niedergelegt sind. Grammatische Sätze sind nach grammatischen Regeln gebaut.

Selbstverständlich wird der Grammatiker versuchen, seine Regeln so zu formulieren, daß Textsätze und grammatische Sätze einander weitgehend entsprechen; aber es gibt signifikante Unterschiede insbesondere im Bereich der Kurzsätze (Einwortsätze), die im grammatischen Sinne unvollständig sind, die aber in Texten um einer besonderen Wirkung willen durchaus stehen können und auch verstanden werden. Umgekehrt könnte man den grammatischen Regeln folgen und dennoch unverständliche Untexte verfassen.

AUFGABE 1.3: Ordnen Sie die nachfolgenden Beispiele zu:
(a) ungrammatische, aber verständliche Textsätze
(b) grammatische und verständliche Textsätze
(c) grammatische, aber unverständliche Textsätze
(d) ungrammatische und unverständliche Textsätze
(1) Tut weh! (2) Hexenschuß! (3) Gestern abend im Garten. (4) Verdammtes Kreuz! (5) Geh doch zum Arzt. (6) Der Arzt wird dir ein Mittel verschreiben. (7) Vielleicht renkt er dir die Wirbel wieder ein. (8) Der Arzt, der dem Patienten, der den Hexenschuß, der den Patienten, der den Arzt

1 Wir reden hier nur über geschriebene Sprache; die Syntax der gesprochenen Sprache ist noch wenig erforscht, insbesondere wird für die gesprochene Sprache (noch) kein eigener Satzbegriff entwickelt.

2 Wenn ein Text unverständlich ist, kann vermutet werden, daß gegen sprachliche Regeln verstoßen worden ist, oder daß der Text zu kompliziert ist.

aufgesucht hat, getroffen hat, untersucht hat, kann nicht sofort helfen. (9) Der Patient hinkt auf den Hexenschuß schimpfend mit schmerzverzerrtem Gesicht davon und legt sich mit einer Wärmflasche und einer Schnapsflasche ins Bett.

1.3 *Grammatische Sätze*

Der Überblick über die Versuche, eine allgemeine Satzdefinition zu geben, hat gezeigt, daß man das besser nicht tun sollte. Statt dessen werden wir eine Reihe spezieller Satzbegriffe einführen und benutzen. Zur Definition werden Merkmale der Gliederung und der Vollständigkeit herangezogen. Dazu werden Begriffe der traditionellen Schulgrammatik benutzt, die im einzelnen später genauer definiert werden (s. die entspechenden Kapitel, aufgeschlüsselt durch Inhaltsübersicht und Register)[3]. An zwei Beispielen[4] seien zunächst die extremen Positionen gezeigt, wann man von grammatischen Sätzen spricht:

(1) *Ilsebill salzte nach.* (Erster Satz von Günter Grass: „Der Butt")

(2) *Durch den Königl. Präsidenten der Polizei, Herrn Gruner, der jedes Unternehmen gemeinnütziger Art mit so vieler Güte und Bereitwilligkeit unterstützt, sind wir in den Stand gesetzt, in solchen Extrablättern, als hier das erste erscheint, über alles, was innerhalb der Stadt und deren Gebiet, in polizeilicher Hinsicht, Merkwürdiges und Interessantes vorfällt, ungesäumten, ausführlichen und glaubwürdigen Bericht abzustatten: dergestalt, daß die Reihe dieser, dem Hauptblatt beigefügten Blätter, deren Inhalt wir auch mit statistischen Nachrichten aus den Provinzen zu bereichern hoffen dürfen, eine fortlaufende Chronik, nicht nur der Stadt Berlin, sondern des gesamten Königreichs Preußen, bilden werden.*

(„Polizeiliche Tagesmitteilung"; Berichterstattung von Heinrich von Kleist)

3 An unserer Vorgehensweise zeigt sich das Wesen der Syntax: Es geht um gegliederte Ganzheiten. Wir beginnen mit einer Analyse der Ganzheit des Satzes und müssen die Teile zunächst undefiniert verwenden. Man könnte auch umgekehrt vorgehen, von den Wörtern und ihren Funktionen zum Satz hin.

4 Unbeschadet der in Kap. 1.2 getroffenen Unterscheidung zwischen SATZ ALS ELEMENT VON TEXTEN und SATZ ALS ELEMENT EINER GRAMMATIK wollen wir als Beispiele für grammatische Sätze möglichst häufig Sätze aus echten Texten verwenden. Wir sprechen allerdings dann nicht über ihre Texthaftigkeit, sondern über ihre grammatischen Eigenschaften.

Der erste Satz ist sehr kurz, er besteht aus dem Subjekt *Ilsebill* und dem Prädikat *salzte nach;* er enthält das finite Verb *salzte* bzw. *salzte nach* (zur Problematik einer Wortdefinition s. Kap. 2). Es handelt sich um einen grammatisch vollständigen Satz, in dem folgende Kriterien angesetzt werden: (a) Gegliedertheit in Subjekt und Prädikat, (b) Vollständigkeit; d. h., das Prädikat enthält ein finites Verb, der Satz enthält Subjekt und Prädikat. Die Kleistsche „Tagesmitteilung" enthält ebenfalls ein Subjekt, nämlich *wir,* und ein Prädikat, nämlich *sind in den Stand gesetzt* mit dem finiten Verb *sind* und der Partizipialform *gesetzt.* Es handelt sich also ebenfalls um einen grammatisch vollständigen Satz. Dieser Satz enthält darüber hinaus jedoch eine ganze Menge anderer Wörter, gegliedert in Teilsätze, die ihrerseits Subjekt und Prädikat enthalten, z. B. . . . *was innerhalb der Stadt und deren Gebiet, in polizeilicher Hinsicht, Merkwürdiges und Interessantes vorfällt* . . . Angesichts solcher so verschieden strukturierten „Sätze" scheint es angebracht, einige Unterscheidungen vorzunehmen:

Beginnen wir mit der strukturell einfachsten Einheit, dem einfachen Satz.

Ein EINFACHER SATZ enthält genau ein Subjekt und genau ein Prädikat; im Prädikat muß mindestens ein finites Verb vorhanden sein.

Zwei weitere Präzisierungen sind nötig:

1. Der EINFACHE SATZ kann weitere Satzglieder als die erwähnten enthalten, z. B. Objekte, Attribute, adverbielle Bestimmungen: *Die Rosen blühen.* (einfach, ohne Erweiterung), gegenüber *Die Rosen blühen den ganzen Sommer über im Garten.* (Erweiterung). Diese Erweiterungen dürfen allerdings nicht Sätze (Gliedsätze) sein, wie im Beispiel *Weil wir sie zum richtigen Zeitpunkt gedüngt haben, blühen die Rosen in diesem Jahr besonders schön.*

2. Es gibt KURZFORMEN, bei denen man darüber streiten kann, ob sie Sätze sind oder nicht.

– Es handelt sich um imperativische Formen wie *Sprich!* und *Hört gut zu!* Hier ist in der Personalform des flektierten Verbs die Person und damit implizit das grammatische Subjekt angegeben, vgl. *Du, sprich!* und *Ihr da, hört einmal gut zu!* Diese Kurzformen rechnen wir den einfachen Sätzen zu.

– Weiter gibt es häufig Kurzformen wie *Feuer!, Hilfe!, Da drüben.* und *Wasser her!* Sie sind in Texten oder in Redesituationen verständlich, d. h., sie sind TEXTSÄTZE (s. oben Kap. 1.2); im grammatischen Sinne sind sie unvollständig und deshalb keine grammatischen Sätze.

– Schließlich gibt es weiterhin unvollständige Sätze, die man auch

ELLIPTISCHE SÄTZE oder SATZELLIPSEN nennt, bei denen sogenannte notwendige Satzglieder fehlen, z. B. bei Einwortantworten auf Fragen: *Was willst du trinken? – Milch.*

MATRIXSATZ

Alle Positionen des einfachen Satzes außer der des finiten Verbs können durch syntaktische Gebilde besetzt werden, die ihrerseits Subjekt und Prädikat enthalten und also Sätze sind. Weil sie in ein übergeordnetes Muster eingegliedert sind und an der Stelle von Satzgliedern stehen, spricht man von Gliedsätzen, in manchen, besonders älteren Grammatiken auch Nebensatz genannt. So hat der Gliedsatz *Weil wir sie zum richtigen Zeitpunkt gedüngt haben, . . .* die gleiche Satzgliedfunktion (adverbielle Bestimmung) wie z. B. *Gerade deshalb* in *Gerade deshalb blühen die Rosen in diesem Jahr besonders schön.* Wenn das Muster eines einfachen Satzes durch einen oder mehrere Gliedsätze ausgefüllt wird, nennen wir das gesamte Gebilde einen Matrixsatz.

Hier muß eine genauere Unterscheidung getroffen werden zwischen unserem Matrixsatz und dem, was man traditionellerweise Hauptsatz nennt:

– MATRIXSATZ umfaßt den gesamten Rahmen.

– Mit HAUPTSATZ bezeichnet man gewöhnlich den Teil des Satzes, der übrigbleibt, wenn man die Gliedsätze bzw. Nebensätze ausklammert.

Hauptsatz ist eine unglückliche und mißverständliche Bezeichnung, weil immer dann nur ein unselbständiger Teil übrigbleibt, wenn ein Subjekt und eventuelle Objekte Gliedsätze sind; vgl.

GS HS GS

Was ich nicht verstehen kann, ist, daß der Hauptsatz aus nur einem Wort besteht.

Gleichzeitig wird nämlich der Hauptsatz gleichgesetzt mit einem vollständigen einfachen oder erweiterten Satz. Das trifft aber nur zu, wenn eine attributive oder eine adverbielle Bestimmung Gliedsatz ist, wie z. B. *Er geht in den Wald, was er nicht hätte tun sollen.*

Wir werden im folgenden die Begriffe Matrixsatz, übergeordneter Teilsatz[5] und (untergeordneter) Gliedsatz verwenden, nicht jedoch die Begriffe Haupt- und Nebensatz.

5 In dieser eingeschränkten Definition könnte man sinnvollerweise den Begriff Hauptsatz benutzen, aber wir wollen Begriffsvermischung vermeiden.

Also: MATRIXSATZ

ÜBERGEORDNETER

GLIEDSATZ TEILSATZ GLIEDSATZ

Was ich nicht verstehen kann, ist, daß der Hauptsatz aus nur einem Wort besteht.

Was wir hier Matrixsatz nennen, womit wir das Muster meinen, wird häufig auch SATZGEFÜGE genannt; Satzgefüge wird jedoch meistens definiert als bestehend aus Haupt- und Nebensatz (Gliedsatz), weshalb wir auch diesen Begriff vermeiden.

PERIODE

Wenn ein syntaktisches Gebilde mindestens zwei vollständige Sätze (einfache Sätze oder Matrixsätze) enthält, sprechen wir von einer SATZREIHE oder PERIODE. Das Merkmal der Periode ist, daß vollständige Sätze gleichgeordnet werden, während im Matrixsatz untergeordnet wird, vgl. den Anfang von Eichendorffs „Taugenichts", bei dem der erste Teil eine Periode ist, die fünf (einfache) Sätze enthält:

> *Das Rad an meines Vaters Mühle brauste und rauschte schon wieder recht lustig, der Schnee tröpfelte emsig vom Dache, die Sperlinge zwitscherten und tummelten sich dazwischen; ich saß auf der Türschwelle und wischte mir den Schlaf aus den Augen; mir war so recht wohl in dem warmen Sonnenscheine.*

Wir fassen zusammen:

SATZ: allgemeiner Begriff für die obere Einheit der Syntax, als solche nicht näher definiert.

EINFACHER SATZ: syntaktische Einheit bestehend aus genau einem Subjekt und einem Prädikat, welches ein finites Verb enthält, sowie eventuell weiteren Satzgliedern (Gleichordnungen im Subjekt und Prädikat sind möglich).

KURZSATZ (SATZELLIPSE): unvollständiger einfacher Satz, insofern ungrammatisch, aber in Texten häufig zu finden.

MATRIXSATZ (SATZGEFÜGE): Satzrahmen; übergeordnetes syntaktisches Muster, das Teilsätze in Über- und Unterordnung enthält.

GLIEDSATZ: untergeordneter Teilsatz in einem Matrixsatz, steht an der Stelle und mit gleicher Funktion eines nominalen oder adverbialen Satzgliedes.

HAUPTSATZ: traditionelle unscharfe Bezeichnung für übergeordneten Teilsatz eines Matrixsatzes.

In dieser Definition wird auch der Begriff TRÄGERSATZ verwendet, der sicherlich klarer ist als der Begriff Hauptsatz, der aber auch für Gliedsätze zutrifft, denen weitere Gliedsätze untergeordnet sind.

TRÄGERSATZ: übergeordneter Teilsatz in einem Matrixsatz
PERIODE (SATZREIHE): Verbindung aus zwei oder mehr Sätzen (einfachen Sätzen, Matrixsätzen oder Kurzsätzen).

AUFGABE 1.4: Analysieren Sie mit diesen Begriffen den ersten Absatz aus Wilhelm Raabes „Stopfkuchen“:

Wieder an Bord! –

Es liegt mir daran, gleich in den ersten Zeilen dieser Niederschrift zu beweisen oder darzutun, daß ich zu den Gebildeten mich zählen darf. Nämlich ich habe es in Südafrika zu einem Vermögen gebracht, und das bringen Leute ohne tote Sprachen, Literatur, Kunstgeschichte und Philosophie eigentlich am leichtesten und besten zustande. Und so ist es im Grunde auch das Richtige und Dienlichste zur Ausbreitung der Kultur, denn man kann doch nicht von jedem deutschen Professor verlangen, daß er auch nach Afrika gehe und sein Wissen an den Mann, das heißt an den Buschmann bringe oder es im Busche sitzenlasse, bloß um ein Vermögen zu machen.

2. Das Wort

Zwei Begriffe sind auch nach vorwissenschaftlichem Verständnis zentrale Begriffe der Sprache und somit auch der Analyse von Sprache: SATZ und WORT. In der Syntax geht es natürlich in erster Linie um den Satzbegriff, aber wir müssen auch einen Wortbegriff haben. Denn Sätze, so wiederum jedes vorwissenschaftliche Verständnis, sind aus Wörtern zusammengesetzt; und eine Satzlehre wird wohl gemeinhin verstanden als Lehre vom Bau der Sätze aus Wörtern.

Mit dem Wortbegriff ist es ähnlich wie mit dem Satzbegriff. Es gibt mehr Wortdefinitionen als man zählen kann[6], bei denen allerdings wiederum verschiedene Aspekte immer wiederkehren. Die wichtigsten sind: der semantische Aspekt, häufig mit einem psychologischen verbunden, der graphematisch/phonologische Aspekt (Buchstaben bzw. Lautgestalt) und der distributionelle Aspekt, der das mögliche Vorkommen in Textumgebungen betrifft.

Erschwerend kommt beim Wortbegriff hinzu, daß *Wort* ein Wort der Gemeinsprache ist, d. h. daß jeder mit der Buchstabenfolge *W-o-r-t* eine Bedeutung verbindet, die wie bei allen gemeinsprachlichen Wörtern unscharf und deshalb vielseitig verwendbar ist. Wenn in wissenschaftlichen Begriffsdefinitionen ein „technischer", d. h. genau festgelegter Begriff definiert wird, geht diesem der Vorteil der unscharfen gemeinsprachlichen Wortbedeutung verlustig. Der Fachbegriff paßt in einen bestimmten Begriffszusammenhang, die gemeinsprachliche Bedeutung paßt in sehr viele Zusammenhänge.

Einen Hinweis auf die Schwierigkeiten fachwissenschaftlich genauer Begriffsbestimmung und auf die Flexibilität gemeinsprachlicher Verwendung gibt die Sprache selbst. Im Singular gibt es das *Wort,* im Plural gibt es *Wörter* und auch *Worte,* und dann gibt es auch noch Redewendungen wie das *Wort zum Sonntag* und *Darüber möchte ich mit dir ein ernstes Wort reden.*

Diese Hinweise auf Differenzen gemeinsprachlicher Bedeutung und fachwissenschaftlicher Notwendigkeit mögen genügen, um die Komplexität des Problems anzudeuten. Wir werden uns auch hier an

6 Einen Überblick geben Juilland/Roceric 1972, eine sehr ausführliche Erörterung der Definitionsaspekte findet sich in Bergenholtz/Mugdan 1979.

eine Definition zum Wortbegriff heranarbeiten[7]. Dazu zunächst wieder einige Aufgaben:

AUFGABE 2.1: Versuchen Sie selbst, eine Definition für Wort zu geben.
AUFGABE 2.2: Schlagen Sie in einigen Wörterbüchern nach, wie dort *Wort* erklärt wird. Sind das Erklärungen der gemeinsprachlichen Bedeutung des Wortes *Wort*, oder sind das Definitionen bzw. Begriffsbestimmungen eines Fachterminus *Wort*?
AUFGABE 2.3: Wir können das Problem auch von der Praxis her angehen. Zählen Sie bitte die Wörter im folgenden Text (aus: ADAC-Motorwelt 5/77, Seite 35):
Spätestens beim dritten Regenguß bedauern viele Käufer von Schrägheck- und Kombi-Limousinen, an der falschen Stelle gespart zu haben. Statt rund 200 DM Aufpreis (Ford, Opel, VW/Audi) für den werkseitig installierten Heckscheibenwischer müssen sie nun für den nachträglichen Einbau einer solchen Anlage der Werkstatt ganz erheblich mehr auf den Tisch blättern.

2.1 Wortdefinitionen

Für eine Wortdefinition greifen wir zunächst auf die oben genannten drei Aspekte zurück.

SEMANTISCHER ASPEKT

Beim semantischen Aspekt geht man davon aus, daß die Wörter die ZENTRALEN BEDEUTUNGSEINHEITEN der Sprache sind. In den Umkreis dieser Definitionen gehören Überlegungen wie: Im Wortschatz einer Sprache sind die dieser Sprache zur Verfügung stehenden Bedeutungen enthalten, und durch die Wörter einer Sprache wird die Welt begrifflich erfaßt („gewortet"). Dahinter steht der Gedanke, daß ein Wort eine fest umrissene Bedeutung hat (die in psychologischer Sicht mit einer Sinneinheit korrespondiert):

> „kleinster selbständiger Teil einer Sprache, der eigene Bedeutung oder Funktion hat"
>
> Duden-Bedeutungswörterbuch
>
> „daß das Wort eines der kleinsten völlig selbstgenügsamen Satzteilchen ist, das für sich allein einen ‚Sinn' ergibt. Man kann von einem Wort nichts wegnehmen, ohne den Sinn zu verrücken. Zum mindesten eines der abgetrennten Stücke wird überbleiben, wie ein hilfsloses Hündchen, das seinen Herrn verloren hat."
>
> Sapir 1972,39

7 Allerdings weniger ausführlich als bei der Satzdefinition. Es handelt sich hier um eine Einführung in die Syntax und nicht in die Morphologie (Wortlehre).

„Wörter sind unterste auswechselbare Inhaltseinheiten oder -momente, die auch für sich Sprecheinheiten werden können, in normaler Rede aber gruppenweise in einer Sprecheinheit zusammengefaßt sind und dadurch aus dieser Sprecheinheit auch wieder eine höhere Inhaltseinheit machen."
Glinz 1973,80

Das Problem mit solchen semantischen oder zum Teil semantischen Bestimmungen ist ein dreifaches:

Erstens müßten Mehrdeutigkeiten beachtet werden. Dabei sind die Grenzübergänge zwischen einem mehrdeutigen Wort (Polysem) und mehreren Wörtern mit zufällig dem gleichen Wortkörper (Homonym) fließend. Vgl. zwei homonyme (?) Wörter: *Mutter (der Kinder)* und *Mutter (zur Schraube)* und ein mehrdeutiges (?) Wort: *Korn* als *1. Getreidekorn, 2. Getreidesorte, 3. kleines Teilchen* wie beim *Gerstenkorn, 4. Korn am Gewehr, 5. Korn aus Getreide im Schnapsglas* und andere mehr.

Zweitens kann eine Bedeutung auf mehrere Wortkörper verteilt sein, z. B. in festen Redewendungen und Idiomen wie *im Schatten stehen, hochgehen lassen, kalter Kaffee* und *Blindekuh spielen.*

Drittens können in einem Wortkörper mehrere Bedeutungen zusammengefaßt werden zu einer Gesamtbedeutung, die man zwar analytisch auflösen kann, die man aber als Gesamtheit sehen muß. Ein *Briefträger* ist zwar ‚jemand, der Briefe trägt', aber nicht ‚jeder, der Briefe trägt', ist ein *Briefträger.* Ähnliches gilt für *Hosenträger* und *Brückenträger,* während ein *Stahlträger,* ein ‚Träger aus Stahl' ist und nicht ‚jemand, der Stahl trägt'. Wenn man das Prinzip der Einzelbedeutung genau nimmt, bekommt man z. B. auch Probleme mit scheinbar eindeutigen Einzelwörtern. Nehmen wir als Beispiel *Rind.* Bei Rindern unterscheidet man wie bei vielen Lebewesen zwischen Geschlechtern und Lebensstadien. Sind in den folgenden Wörtern nun jeweils neben der Grundbedeutung ‚Rind' auch weitere Bedeutungen vorhanden und somit nach der semantischen Wortdefinition eigentlich zwei oder mehrere Wörter vorhanden? *Kuh* (Rind+weiblich+erwachsen), *Bulle* (Rind+männlich+erwachsen), *Ochse* (Rind+männlich+erwachsen+kastriert), *Kalb* (Rind+nicht erwachsen), *Stier* (Rind+männlich+noch nicht ganz erwachsen) und *Färse* (Rind+weiblich+trächtig+hat noch nicht Milch gegeben)[8].

Das Bedeutungskriterium ist sicher sehr wichtig zur Definition ei-

8 In der Merkmalssemantik analysiert man Bedeutungsfelder, indem man in solche Einzelbedeutungen zerlegt.

nes Wortbegriffes. Und gerade eine mehrfache Bündelung wie bei *Ochse* oder *Färse* zeigt, daß es einer Sprachgemeinschaft so sehr darauf ankommt, daß sie für genau diese Bündelung eigene Wörter findet. Aber das Bedeutungskriterium wird schwierig zu handhaben, wenn man es quantitativ fassen will als genau eine Bedeutung eines Wortes.

Der phonologische und der graphematische Aspekt

Diese beiden Aspekte betreffen das Äußere des Wortes, seiner Gestalt oder der Form, es geht um das Wort als Lautfolge bzw. Buchstabenfolge, oder wie wir es oben genannt haben, um den Wortkörper. Beim phonologischen Prinzip ist zunächst das gesprochene Wort gemeint, bei dem graphematischen das geschriebene. Wichtigstes Definitionskriterium ist die Sprechpause bzw. der Zwischenraum (Leeranschlag auf der Schreibmaschine):

> „Wörter sind definiert als Zeichenketten zwischen blanks, wobei unter Zeichen hier nur Alphazeichen verstanden werden."
>
> Hahn/Fischer 1975,131
>
> „Das Wort kann durch Pausen isoliert werden, so wie in der geschriebenen Sprache die Wörter durch Zwischenräume voneinander getrennt sind."
>
> Funk-Kolleg 1973,152
>
> „Graphisch werden Einheiten wie *Baum, Kugel, klein, schneiden* oder *Lorbeerbaum, Kugelform, eigenwillig* durch Getrenntschreibung aus dem Kontinuum des Textes abgehoben, bei mündlichem Vortrag durch potentielle Pausen und meist auch durch (Anfangs-)Betonung."
>
> Erben 1972,23
>
> „Das Bewußtsein des Durchschnittssprechers für das Wort spiegelt sich in der Schrift und wird zugleich von ihr gestützt. In den meisten Schriftsystemen sind die Wörter die kleinsten Einheiten der geschriebenen Rede."
>
> Ullmann 1967,42

Dieses Kriterium, das natürlich ein beschreibendes ist, und keine Regel angibt, nach der man sich richten könnte, scheint einfach und klar zu sein. Das Pausenkriterium in gesprochener Sprache ist jedoch, wie genaue Untersuchungen der akustischen Phonetik zeigen, nicht haltbar. Einerseits werden nicht zwischen allen „Wörtern" Pausen gemacht, andererseits werden Pausen innerhalb von Wörtern gemacht. Zur Übung kann man einmal jemanden beim Sprechen beobachten; besonders gut eignen sich politische Reden, bei denen Pausen gerade in „Wörtern" gemacht werden, damit man nicht durch Zwischenrufe unterbrochen wird.

Das graphematische Kriterium des ZWISCHENRAUMES scheint dagegen klar und einfach zu sein. Sie dürften jedoch am Text der vorhin gestellten Aufgabe 2.3 bemerkt haben, daß es auch hier Probleme gibt, z. B.

– Bindestriche bei Aufzählungen; im vorliegenden Text bei *Schrägheck- und Kombi-Limousinen,* denkbar und üblicher wäre wohl *Schrägheck- und Kombilimousinen.* Ein weiteres Problem ist: Wie unterscheidet sich der Bindestrich vom Trennungsstrich?

– Was ist mit Satzzeichen wie Punkt, Komma oder Klammer, die ohne Zwischenraum an eine Buchstabenfolge anschließen oder auch davorstehen?

– Was ist mit Buchstabenfolgen wie *VW* oder *DM,* ausgeschrieben heißt es nämlich *Volkswagen* und *deutsche Mark.* Weitere Beispiele sind *CDU, SPD, F.D.P.; Schiri* (für *Schiedsrichter), Hapag (Hamburger amerikanische Paket Aktiengesellschaft), Kfz-Brief; PKW, GmbH, AG.*

– Wie sind weiter Schrägstriche u. ä. für die graphematische Definition von Wörtern einzubeziehen? Bei *VW/Audi* im Text, weitere Beispiele: *CDU/CSU-Bundestagsfraktion, Peugot/Citröen-Import, Beamten/Beamtinnen.*

– Wie ist es mit Zahlen? Im Text ist es für *200* relativ einfach, hier ist ein Wort anzunehmen. Aber wie ist es mit *12,5* oder mit *140–150 (DM)*?

Beim graphematischen Kriterium muß man die Sonderzeichen, also Bindestrich, Schrägstrich, Trennungsstrich und Klammern gesondert berücksichtigen. Und man muß ebenfalls Kürzelwörter, bei denen nur Silben oder Buchstaben geschrieben werden, gesondert behandeln. Sonst bekommt man nicht einmal von der äußeren Gestalt her ein sauberes Kriterium zur Identifizierung von Wörtern im Text. Bereits oben wurde gesagt, daß dieses Kriterium nicht als Regel anzuwenden ist, sondern nur für die Beschreibung. Die Verhältnisse scheinen so zu sein: In der Sprachregel weiß man in etwa, was ein Wort ist, und macht entsprechende Zwischenräume. Wenn man schwankt, kann man auf Bindestriche ausweichen, vgl. *Marken-Butter* neben *Markenbutter.* Im Übrigen gehen ein Teil der Probleme, die bei graphematischen Definitionen auftreten, auf Rechtschreibprobleme zurück, d. h. die Unsicherheiten der Rechtschreibung gehen in die Unsicherheiten der Wortdefinition ein.

Der distributionale Aspekt[9]

Nach distributionellen Kriterien werden Wörter danach definiert, was man mit ihnen in Textzusammenhängen tun kann. Die beiden wichtigsten Gesichtspunkte: (a) Man kann sie umstellen, d. h. jeweils in andere Zusammenhänge stellen, und (b) sie bleiben dabei als kleinste Einheiten erhalten. Eine in der Sprachwissenschaft sehr bekannte Definition ist die von Leonard Bloomfield 1933,178:

> „A word, then, is a free form which does not consist entirely of (two or more) lesser free forms; in brief, a word is a minimum free form."

Weitere distributionelle Definitionen sind z. B.:

> „Words are the least elements between which other elements can be inserted with relative freedom."
>
> Bolinger 1975,85

> „Eine der charakteristischen Eigenschaften des Wortes ist einerseits seine Neigung zur inneren Stabilität [. . .] und andererseits zur positionellen Mobilität (d. h. es ist mit anderen Wörtern in demselben Satz vertauschbar."
>
> Lyons 1971,207

Auch bei diesem distributionellen Aspekt ist es wie beim semantischen und beim phonologisch/graphematischen: Oft reicht er allein aus, aber man wird immer wieder Grenzfälle und Problemfälle finden. So kann man Wörter in Texten zwar prinzipiell umstellen, aber keineswegs beliebig, sondern eigentlich nur im Satzgliedverband, abhängig von Wort- bzw. Satzgliedstellungsregeln einer Sprache. Dabei bleibt dann gewöhnlich das Problem der Satzbedeutung ausgeklammert, d. h., es wird impliziert, daß entweder die Satzbedeutung konstant bleiben muß oder zumindest ein sinnvoller Satz entstehen muß. Das folgende Beispiel zeigt diese Restriktion sehr deutlich.

Satzvorgabe:
Der Pförtner trinkt frisch aufgebrühten Kaffee.
Variante 1: *Frisch aufgebrühten Kaffee trinkt der Pförtner.*
Variante 2: *Kaffee, frisch aufgebrühten, trinkt der Pförtner.*
Variante 3: *Kaffee trinkt der Pförtner, frisch aufgebrühten.*
Nachtragsstil: *Der Pförtner trinkt Kaffee, frisch aufgebrühten.*

9 „Distributionell" ist ein Terminus aus der strukturellen Linguistik; er bezieht sich auf mögliche Kontexte (Umgebungen), in denen eine sprachliche Einheit stehen kann. Die Distribution ist nach struktureller Definition die Klasse aller in einem empirischen Verfahren festgestellten Umgebungen eines sprachlichen Elements.

Fragesatz: *Trinkt der Pförtner frisch aufgebrühten Kaffee?*
Mit anderer Bedeutung: *Frisch trinkt der Pförtner aufgebrühten Kaffee.*
Nicht möglich ist dagegen eine Bildung wie *Frisch aufgebrühten Pförtner trinkt Kaffee.*

Ein haltbares Kriterium ist also die prinzipielle Umstellbarkeit, die Wortgrenzen ergibt; ein Problem ist dabei die minimale freie Form, denn da müßte z. B. *-stein* (in *Schornsteinfeger*) herausgelöst werden, da dieser Teil allein stehen kann, während *Schorn-* nur neben *-stein* vorkommt. Eine genauere Analyse bringt uns in die Morphologie, in der dann *Schorn-* als UNIKALES MORPHEM definiert wird (so auch *-gess-*, *-Him-* und *-lier-* in *vergessen, Himbeere* und *verlieren*).

Bei der Wortdefinition ist es noch schwieriger als bei der Satzdefinition, zu einem brauchbaren, allgemeinen Begriff zu kommen. Wir werden auch hier eine Reihe von speziellen Begriffen definieren, die wir für das Folgende verwenden. Grundlage aller Überlegungen ist allerdings, daß die Einheit WORT den Zeichencharakter der Sprache aufweist: Es besteht aus einem wahrnehmbaren Zeichenkörper (Wortkörper, Laut- oder Buchstabenfolge) mit einer Bedeutung. Weiterhin sind die drei genannten Aspekte Teil eines Wortbegriffs:

- der GRAPHEMATISCHE ASPEKT, der die Abgeschlossenheit der Form, des Wortkörpers herausstellt;
- der SEMANTISCHE ASPEKT, der diesem abgeschlossenen Wortkörper eine Bedeutungsganzheit zuspricht;
- und der DISTRIBUTIONELLE ASPEKT, der den Einheiten aus Bedeutung und Form eine gewisse Verfügbarkeit in Satzpositionen zuspricht.

Die drei Aspekte ergänzen einander; jeder für sich allein reicht in Grenzfällen nicht aus. Wir führen anhand dieser Aspekte drei speziellere Wortbegriffe ein (in etwas anderer Reihenfolge).

2.2 *Graphematisches, grammatisches und lexikalisches Wort*

DAS GRAPHEMATISCHE WORT ist als wahrnehmbare Einheit des geschriebenen Textes definiert. Man erkennt in einem Text an Zwischenräumen bzw. an einigen Sonderzeichen, was ein Wort ist. Wenn man schreibt, wird man seine Äußerung graphematisch in entsprechende Worteinheiten gliedern.

Das grammatische Wort bezieht sich darauf, daß ein Wort in einem Text in einer bestimmten grammatischen Form erscheint, und meint jeweils eine grammatische Form; z. B. sind *finden, fände, fanden, gefunden* verschiedene grammatische Wörter. Die verschiedenen grammatischen Formen haben etwas mit syntaktischen Funktionen zu tun. Man könnte auch sagen: Ein grammatisches Wort hat eine bestimmte grammatische Bedeutung. Dabei kann ein graphematisches Wort genau ein grammatisches Wort wiedergeben. Häufiger jedoch sind graphematische Wörter grammatisch mehrdeutig, vgl. *finden* (Infinitiv, 1. Person Plural Präsens Indikativ, 3. Person Plural Präsens Indikativ), hier liegen also ein graphematisches Wort und drei grammatische Wörter vor; vgl. auch *fändest,* bei dem ein graphematisches Wort und auch nur ein grammatisches Wort vorliegt (2. Person Singular Konjunktiv II).

Das lexikalische Wort (Lexem) korrespondiert mit dem gemeinsprachlichen Wortbegriff und bezieht sich darauf, daß ein Wort eine Bedeutung hat, die in allen grammatischen und graphematischen Varianten die gleiche ist. Das lexikalische Wort ist deshalb die Einheit des Wörterbuchs (Lexikons). In Wörterbüchern werden die „Wörter“ traditionellerweise jeweils durch ein graphematisches angeführt. Es entspricht in den verschiedenen Wortarten, soweit sie flektieren, einem bestimmten grammatischen Wort, nämlich dem Infinitiv bei Verben *lieben,* Nominativ Singular beim Nomen *(die) Liebe* und der prädikativen Form bei Adjektiven *lieb.* Der Gebrauch dieser Zitierformen ist eine Konvention; in lateinischen Wörterbüchern werden Verben z. B. häufig in der ersten Person Singular Indikativ Aktiv aufgeführt, z. B. *amo (ich liebe).*

Das Verhältnis von graphematischen zu grammatischen und lexikalischen Wörtern kann auch so gesehen werden: Bei graphematischen Wörtern kommt es nur auf den Wortkörper an, in *Sie sah mich freundlich an.* sind demnach fünf graphematische Wörter vorhanden. Bei grammatischen Wörtern kommt es auf die grammatische Bedeutung (syntaktische Funktion bzw. Flexionsstatus) an; *sah . . . an* ist ein grammatisches Wort. Im eben angeführten Satz sind somit vier grammatische Wörter vertreten. Das lexikalische Wort ist abstrakter, es ist die Klasse mehrerer grammatischer Wörter. *Sah . . . an* wäre also das grammatische Wort eines lexikalischen Wortes, das in der Zitierform *ansehen* heißt, und das als weitere grammatische Wörter u. a. hat: *sieht an, sahen an, angesehen.* Nach diesen Definitionen sind z. B. solche graphematische Wörter wie *beim* und *ins* jeweils zwei grammatische

Wörter, nämlich *bei* + *dem* und *in* + *das* und jeweils zwei lexikalische Wörter, nämlich *bei* + bestimmter Artikel bzw. *in* + bestimmter Artikel.

AUFGABE 2.4: (a) Wie viele graphematischen Wörter finden sich im folgenden Textstück, dem Anfang aus Eichendorff's „Taugenichts"?
(b) Wie viele grammatische Wörter liegen vor?
(c) Wie viele verschiedene grammatische Wörter sind es?
(d) Wie viele lexikalische Wörter sind vorhanden?
Das Rad an meines Vaters Mühle brauste und rauschte schon wieder recht lustig, der Schnee tröpfelte emsig vom Dache, die Sperlinge zwitscherten und tummelten sich dazwischen; . . .

AUFGABE 2.5: Geben Sie zu folgenden graphematischen Wörtern an, welche grammatischen Wörter es sein könnten. Es hilft, wenn Sie je einen Beispielsatz bilden: *richtiger, fragt, Büchern.*

AUFGABE 2.6: Überlegen Sie bei folgenden graphematischen Wörtern, ob ein mehrdeutiges lexikalisches Wort vorliegt, oder ob mehrere lexikalische Wörter vorliegen, die durch ein graphematisches Wort wiedergegeben sind: *Fuchs, Acht, hängen.*

3. Wortarten

Unser Problem in diesem Kapitel wird sein, daß wir davon ausgehen müssen, daß der Leser meint, mindestens einige Wortarten zu kennen. Er wird sich sträuben, diese aufzugeben. Aber es mag ihn überraschen, wie wenig er darüber weiß, und wie ungenau und unsauber seine Wortartenbegriffe sind. Den Stein der Weisen gibt es übrigens hier sowieso nicht, so daß unsere Zielsetzung für dieses Kapitel lautet:

(1) die Komplexität der Verhältnisse andeuten, und
(2) einige Wortarten einführen, die wir für die folgenden Kapitel dieser Einführung brauchen.

Neben Satz und Wort hat ein dritter allgemeiner Begriff eine zentrale Funktion für eine grammatische und syntaktische Beschreibung: die WORTARTEN. Die Ebene der Wortarten ist die Ordnungsebene zwischen den Wörtern und dem Wortschatz der Sprache einerseits und den Sätzen als den Mustern des Redens und des Schreibens andererseits.

3.1 *Allgemeines zur Wortartenproblematik*

Der Wortartenbegriff ist noch komplexer als der Wort- und der Satzbegriff.

Zum einen ist er nicht in gleicher Weise in der Gemeinsprache vorhanden wie Wort und Satz, sondern er ist ein rein theoretischer Begriff. Als solcher erscheint er in allen grammatischen Beschreibungen. Er wird unter verschiedenen Bezeichnungen geführt: In der deutschen Tradition heißt er gewöhnlich WORTART, WORTKLASSE oder LEXEMKLASSE; im Englischen PARTS OF SPEECH, welches auf die lateinische Tradition der PARTES ORATIONES zurückgeht und in der slawischen Tradition REDETEILE genannt wird, so bei Admoni. In den Terminologien kommt der Januskopf der Wortarten deutlich heraus: Wortart, Wortklasse und Lexemklasse weisen auf die Ordnung des Wortschatzes hin, partes orationes auf das Vorkommen in der Rede bzw. im Text.

Zum anderen ist Wortart als theoretischer Begriff in mehrfacher Hinsicht verwirrend gebraucht und definiert. Die Verwirrung spiegelt sich in der Definition dessen, was ein Wort ist, und infolgedessen in der Definition der einzelnen Wortarten. Das gilt für die Begriffe und nicht minder für die Begriffsnamen (Terminologien). Man hat mindestens folgende Probleme:

(1) Es gibt eine sehr alte Tradition mit acht Wortarten, die eigentlich per Autorität auf die Vorläufer hinweist und auf Dionysius Thrax (1. Jhr. v. Chr.) zurückgeht.

(2) Es gibt verschiedene Aspekte, die auf verschiedene Zusammenhänge verweisen und also verschiedene Definitionskriterien hergeben. Auch Dionysius Thrax hat bereits folgende drei Kriterien verwendet:

(a) SEMANTISCHE KRITERIEN, die auf eine Grundbedeutung von Wortarten verweisen, z. B. Substantive als Substanzwörter, Verben als Tätigkeitswörter, Adjektive als Eigenschaftswörter usw.

(b) MORPHOLOGISCHE KRITERIEN, die sich an den möglichen Flexionsformen eines lexikalischen Wortes orientieren: Verben, die konjugierbar sind; Nomina, die deklinierbar sind; Adjektive, die komparierbar sind usw.

(c) SYNTAKTISCHE KRITERIEN, die auf die Stellung der Wörter im Satz und auf ihre syntaktischen Funktionen hinweisen. So sind die Präpositionen als davorstehende, die Konjunktionen als verbindende und die Adjektive als hinzugefügte Wörter, die Nomen als Subjekt- und die Verben als Prädikatswörter definiert.

(3) Man macht bei den Definitionen nicht klar, für welchen Wortbegriff sie gelten sollen, und wirft häufig lexikalische und grammatische Wörter durcheinander (s. Kap. 2).

(4) Man versucht zu Definitionen zu kommen, die allen Aspekten zugleich gerecht werden und zugleich für jeden Anwendungszusammenhang gleichermaßen gelten sollen.

AUFGABE 3.1: Als Hinweis auf die verwirrende Situation mag folgende Übung dienen: (a) Welche Kriterien werden bei folgenden Definitionen verwendet? (b) Gibt es Unterschiede in der Terminologie?

(1) „Die Deklinierbaren, die einen Artikel zu sich nehmen können, bilden die Klasse der Substantive."

Flämig 1977,44

(2) „Unflektierbare ohne Satzgliedwert, aber mit Fügteilcharakter und Kasusforderung sind Präpositionen."

Flämig 1977,45

(3) „Eine ganz eigenartige Stellung nehmen unter den Wortarten die Interjektionen ein, da sie eine ganz eigenartige Bedeutung besitzen (der Ausdruck einer Gemüts- oder Wissensregung), die Rolle eines Satzgliedes nicht spielen können und eine vollständige und selbständige Äußerung bilden."

Admoni 1970,63

(4) „Man nennt diese Wörter Verben [. . .] Mit Verben wird das Prädikat des Satzes gebildet. sie können entsprechend in ihrer Form verändert werden, sie sind konjugierbar; von ihnen können etwa verschiedene Personal- und Tempusformen gebildet werden [. . .] Mit den Verben bezeichnet der Sprecher, was geschieht oder was ist: Zustände *(wohnen)*, Vorgänge *(verblichen)* oder Tätigkeiten und Handlungen *(ein Haus bauen)*."

Grebe 1973,60

(5) „Nomen; dies sind die Wörter, die Wesen, Dinge oder Begriffe bezeichnen können [. . .] sowie Wörter, die einen identifizierten Sachverhalt bezeichnen"

Schulz/Griesbach 1970,5

(6) „(1) *Der . . . arbeitet fleißig.*
(2) *Der Lehrer . . . fleißig.*
(3) *Er sieht einen . . . Arbeiter.*
(4) *Der Lehrer arbeitet . . .*

Nach dem Prinzip der Distribution kann in den Rahmen (1) nur ein Substantiv, in den Rahmen (2) nur ein Verb, in den Rahmen (3) nur ein Adjektiv, in den Rahmen (4) nur ein Adverb eingesetzt werden."

Helbig/Buscha 1972,21

In dieser Einführung in die Syntax können wir uns der Wortartenproblematik nicht ausführlich stellen, wir müssen aber für das folgende zu verbindlichen Wortartenbegriffen kommen. Wir werden die oben angesprochenen vier Problemkreise berücksichtigen:

(1) Wir werden die traditionelle (lateinische) Terminologie verwenden, da die Versuche einer „deutschen" Terminologie, z. B. Tätigkeitswort, Dingwort, Bestimmungswort, Merkmalswort, zu sehr rein semantische Definitionen voraussetzen.

(2) Wir werden den semantischen Aspekt nicht für die Definitionen verwenden, wohl aber für Interpretationen; d. h., wir sind bereit, für viele Adjektive zu akzeptieren, daß ihre Bedeutung so etwas wie Eigenschaften wiedergeben, für Verben, daß sie auf Tätigkeiten hinweisen usw. Aber wir werden nicht sagen: x ist ein Verb, weil es eine Tätigkeit ausdrückt; y ist ein Nomen (Substantiv), weil es ein Ding bezeichnet.

(3) Durch morphologische Kriterien werden Wortarten definiert,

die sich auf lexikalische Wörter beziehen; nach syntaktischen Kriterien werden wir Klassen von grammatischen Wörtern bestimmen.

(4) Unsere Wortartenbestimmungen gelten für syntaktische Analysen und Fragestellungen.

3.2 *Morphologisch definierte Wortklassen*

Geht man nach morphologischen Kriterien vor, dann unterscheidet man zwischen flektierbaren und nicht-flektierbaren Wörtern. NICHT-FLEKTIERBAR sind z. B. *da, auf, und, erstaunlicherweise, au!* Diese Klasse wollen wir PARTIKELN nennen. Hinter dieser Unterscheidung steht: Bei nicht-flektierbaren Wörtern hat das lexikalische Wort nur eine Form (nur ein grammatisches Wort), bei flektierbaren Wörtern hat das lexikalische Wort mehrere Formen (mehrere grammatische Wörter).

Bei den FLEKTIERBAREN lexikalischen Wörtern kann man weiter nach dem Unterscheidungskriterium trennen, in welches Paradigma von grammatischen Wörtern ein bestimmtes lexikalisches Wort paßt. So hat man zunächst zwei große Gruppen: die KONJUGIERBAREN Wörter (VERBEN), die eine große Formenvielfalt haben, und die DEKLINIERBAREN lexikalischen Wörter mit weitaus weniger Formen. Bei den deklinierbaren wiederum können drei Klassen unterschieden werden, die jeweils in gleichartigen Paradigmen zu finden sind: NOMEN bzw. Substantive, PRONOMINA und ADJEKTIVE (die darüber hinaus noch komparierbar sind). Ein genaues Auffalten der verschiedenen Flexionsparadigmen würde diese Einführung in die Syntax zu einer Einführung in die Morphologie führen, vgl. dazu Bergenholtz/Mugdan 1979 oder die Darstellung in jeder Formentabelle einer Grammatik, z. B. Eichler/Bünting 1978. Diese morphologischen Grobklassen beziehen sich wie gesagt auf lexikalische Wörter, sie reichen für die Syntax nicht ganz aus.

Die bisherige Erörterung hat uns zu folgender Aufteilung geführt:

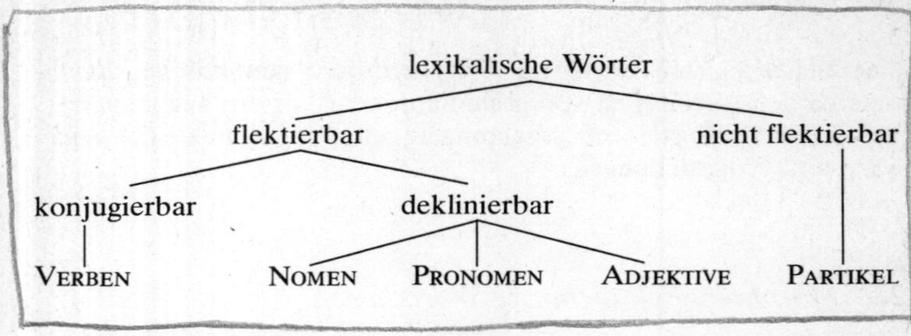

AUFGABE 3.2: (a) Geben Sie für folgendes Textstück die lexikalischen Wörter an. (b) Ordnen Sie weiterhin diese lexikalischen Wörter den eingeführten Klassen zu:
... ich saß auf der Türschwelle und wischte mir den Schlaf aus den Augen; mir war so recht wohl in dem warmen Sonnenscheine.

Mit dem morphologischen Kriterium kann man keine weiteren Klassen bilden; es sei denn, man bildet Unterklassen, wie z. B. verschiedene Deklinationsklassen („schwache" und „starke" Deklination der Nomen) oder verschiedene Konjugationsklassen („starke" und „schwache" Flexion der Verben). Solche Subklassen sind für eine morphologische Beschreibung und für einen Sprachunterricht für Ausländer wichtig, sie tragen jedoch zur Erhellung syntaktischer Verhältnisse nichts bei.

Von den eben definierten Wortklassen werden wir Nomen, Verb, Adjektiv und Pronomen in den weiteren Ausführungen verwenden. Unterklassen dazu (von grammatischen Wörtern), wie z. B. finites Verb, Imperativ, Partizip usw. werden nach Bedarf eingeführt. Zur Teilung der indeklinierbaren lexikalischen Wörter werden wir das syntaktische Kriterium heranziehen müssen.

3.3 *Syntaktisch definierte Wortklassen*

Nach syntaktischen Kriterien kommt man auf zweierlei Art zu Klassen von Wörtern: 1. aufgrund der möglichen Umgebungen und 2. aufgrund der grammatischen Funktionen. Wenn man diese syntaktischen Kriterien allein anwendet und sehr streng durchführt, kommt man zu einer sehr großen Anzahl von Klassen grammatischer Wörter, z. B. finite Verben, finite Hilfsverben, ... Relativpronomen, Fragepronomen, Relativartikel, ... Eigennamen, Nomen, Mengenangaben und Titel (*Pfund, Glas, Dr.* usw.)[10]. Wir definieren nach syntaktischen Kriterien folgende Wortarten:

KONJUNKTION: Wörter, die Wörter, Satzglieder, Teilsätze oder Sätze in gleicher Funktion miteinander verbinden (koordinierende oder parataktische Konjunktionen), z. B. *und, oder, aber, sowohl als auch.* Andere Konjunktionen ordnen Gliedsätze in Matrixsätze ein (subordinierende oder hypotaktische Konjunktionen, z. B. *weil, als, während, daß*).

PRÄPOSITION: Wörter, die nominale Gruppen[11] in den syntaktischen Verband einfügen und dabei den Kasus regieren! Nach der Stellung sind sie meist Präpositionen, d. h. stehen sie vor nominalen Gruppen, z. B. *auf, vor, mit, zwischen,* vgl. *Sie tanzen ihm auf der Nase herum.* Es gibt jedoch auch dahinterstehende „Präpositionen", eigentlich also POSTPOSITIONEN wie *entlang, entgegen, nach,* vgl. *immer der Nase nach,* und schließlich auch in zwei graphematische Wörter aufgeteilte, die nominale Gruppe einschließende CIRCUMPOSITION wie *um . . . willen* und *um . . . wegen,* vgl. *um ihrer schönen Augen willen.*

INTERJEKTIONEN: Wörter, die Kurzsätze bilden, aber keine Verbindung mit anderen Wörtern eingehen. Man spricht deshalb von satzwertigen Wörtern, z. B. *ah, au, risch-rasch* (Interjektion bedeutet „dazwischengeworfen").

ADVERB: Der Name sagt, daß diese Wörter zum Verb gehört. (In manchen Traditionen auch interpretiert als „zum Wort gehörend"). Das stimmt im Deutschen so nicht. Adverbien können zwar Verben näher bestimmen, aber auch ganze Prädikate, ganze Sätze oder Adjektive und andere Adverbien, z. B. *Das freut mich sehr.,* aber auch *Es ist sehr kalt.* und *Heute ist es wirklich sehr kalt.*

Bei den Adverbien gibt es ein besonderes Problem. Wenn man den Definitionsweg in der von uns gegebenen Weise geht, d. h. 1. nach morphologischen Kriterien werden die undeklinierbaren Partikelwörter ausgesondert und 2. wendet man syntaktische Kriterien an, kommt man zu einer Wortklasse Adverb, die Wörter wie *hier, oben, sehr, morgens, abends, erstaunlicherweise* enthält.

Wenn man jedoch die Reihenfolge ändert und zunächst nach syntaktischen Kriterien vorgeht, dann fallen fast alle unflektier-

10 Vgl. dazu Bergenholtz/Schaeder 1977. Hier werden nach syntaktischen Kriterien 51 verschiedene Wortarten definiert.

11 Zur Benennung der nominalen Gruppen wie Satzglied, Satzteil und Phrase s. Kap. 4.

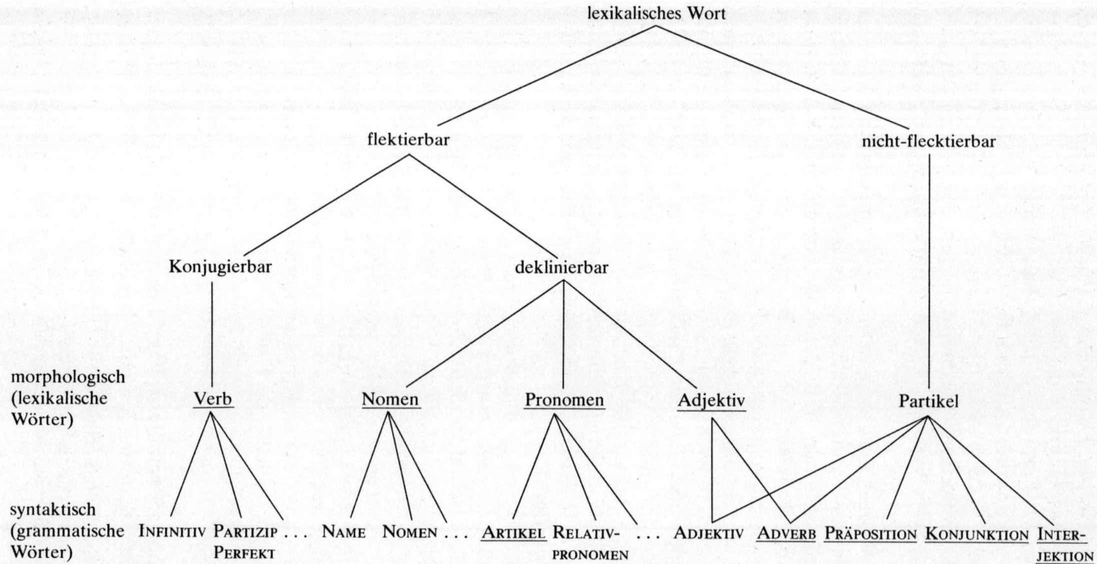
lexikalisches Wort
flektierbar
nicht-flecktierbar
Konjugierbar
deklinierbar
morphologisch (lexikalische Wörter)
Verb
Nomen
Pronomen
Adjektiv
Partikel
syntaktisch (grammatische Wörter)
INFINITIV
PARTIZIP PERFEKT
...
NAME
NOMEN
...
ARTIKEL
RELATIV-PRONOMEN
...
ADJEKTIV
ADVERB
PRÄPOSITION
KONJUNKTION
INTER-JEKTION

ten „Adjektive" ebenfalls in die Klasse der Adverbien, weil sie so verwendet werden können: *Er singt oft.* (Partikel-)Adverb und *Er singt laut.* (Adjektiv-)Adverb. Aus diesem Grund werden in manchen Grammatiken Adjektive und Adverbien in einer Wortklasse zusammengefaßt. Dann hat man aber Probleme mit den morphologischen Gegebenheiten der Sprache. Zwar können eine Reihe von Adverbien in ihrer unflektierten Form prädikativ wie Adjektive verwendet werden, z. B. *Er ist hier.* Aber eine attributive Verwendung, die flektierte Formen fordert, ist nicht möglich. Es gibt dann neue Wörter wie *hiesige, obige, untere, obere* usw.; hier hat Wortartenwechsel mittels Wortbildung stattgefunden.

Wir können die schematische Darstellung mit den Definitionswegen nun für alle von uns für das weitere benötigten Wortarten erweitern: (s. Abb. S. 48).

Unsere Definitionsansätze haben gezeigt, daß es bei den Wortarten in der Tat unmöglich ist, zugleich eine konsistente Definitionsweise zu verwenden und zu sowohl praktikablen als auch in Übereinstimmung mit der Tradition stehenden Klassen zu kommen. Wir haben deshalb morphologische und syntaktische Kriterien gemischt, wie die folgende Tabelle zeigt:

	morph. Krit.	synt. Krit.
Nomen	+	
Adjektiv	+	
Pronomen	+	
Verb	+	
Konjunktion		+
Präposition		+
Interjektion		+
Adverb		+

Ein Sonderproblem stellen noch die ARTIKEL dar. Nach morphologischen Kriterien gehören sie zu den Pronomen; nach syntaktischen Kriterien gehören sie in eine Gruppe, in der auch demonstrative Pronomina wie *dieser, jener* u. a., aber auch betontes *der* stehen. Graphematisch ist zwischen dem demonstrativen *der* und dem Artikel nicht zu unterscheiden. Ein ähnliches Problem stellt der UNBESTIMMTE

ARTIKEL *ein, eine, einen* usw. dar, der syntaktisch adjektivischen Charakter hat und morphologisch pronominalen. Man hat sich jedoch angewöhnt, wenn man über Deklinationsformen redet, unbetontes *der, die, das, ein* usw. als Artikel zu bezeichnen.

AUFGABE 3.3: Geben Sie für die Wörter in dem folgenden Textstück, dem Anfang von Eichendorffs „Taugenichts", die hier eingeführten Wortarten an; unterscheiden Sie bei der morphologisch definierten Klasse Pronomen zwischen Artikel und anderen Pronomen:
Das Rad an meines Vaters Mühle brauste und rauschte schon wieder recht lustig, der Schnee tröpfelte emsig vom Dache, die Sperlinge zwitscherten und tummelten sich dazwischen; ich saß auf der Türschwelle und wischte mir den Schlaf aus den Augen; mir war so recht wohl in dem warmen Sonnenscheine.

3.4 *Wortart und Strukturposition*

Wir haben gesagt, die Wortart sei die Ebene, wo Gliederung des Wortschatzes und Verwendung sowie Position des Wortes im Satz aufeinandertreffen. Hier gilt es, eine weitere Unterscheidung zu treffen, über die sehr häufig keine Klarheit besteht. In einem Satz wie *Opa schnarcht laut.* sind Strukturpositionen im Satz durch jeweils ein Wort und in der abstrakteren Hierarchie also durch eine Wortart eingenommen: Nomen + Verb + Adjektiv. An der Stelle dieser Wörter bzw. Wortartenpositionen können selbstverständlich andere Wörter der gleichen Wortart stehen: *Peter läuft schnell. – Hunde bellen laut.* Aber es können auch mehrere Wörter stehen; die Grundstruktur des Satzes bleibt dabei die gleiche. Mit den weiteren Wörtern kommen weitere Wortarten hinzu: *Der Großvater hat mit großer Geräuschentfaltung geschnarcht.* Nach der Grundstruktur haben wir hier drei Wortgruppen: *der Großvater, hat . . . geschnarcht* und *mit großer Geräuschentfaltung.* Unter dem Gesichtspunkt der Redeteile stellen wir fest: Strukturpositionen im Satz können durch einzelne Wörter spezieller Wortarten eingenommen werden oder durch mehrere Wörter, eben eine Wortgruppe mit mehreren Wortarten. Unter dem Gesichtspunkt der Wortarten als Gliederungspunkt stellen wir fest: Es gibt Wortarten, die allein Strukturpositionen erfüllen können; diese können auch in Wortgruppen auftreten, z. B. Nomen und Verb. Andere Wortarten können nur in Wortgruppen erscheinen, z. B. Präposition oder Artikel.

Für die Syntax ist von Bedeutung, welche Strukturpositionen im

Satz es gibt. Wir werden im folgenden Kapitel untersuchen, welche Funktionen diese Positionen im Satz erfüllen, und welche Erscheinungsformen (Kategorien) sie haben können. Wenn eine Satzposition durch eine Wortgruppe besetzt ist, wird auch die Binnenstruktur zu untersuchen sein.

Im nächsten Kapitel werden wir sehen, daß das Zusammenspiel von Wortart und Strukturposition die Satzfunktionen definiert.

4. Kategorien und Funktionen im Satz

Wenn man verstehen will, wie ein aus mehreren Teilen zusammengesetztes Gebilde – eine Maschine, ein Organismus, eine Gesellschaft oder auch ein Satz – funktioniert; dann ist es nützlich, wenn man unterscheidet:

Welche Teile sind vorhanden?

Und wie wirken sie zusammen?

D. h., welche Funktion hat der einzelne Teil, damit das Ganze funktioniert?

Zwei Fragestellungen helfen, die beiden Aspekte, analytisch zu erfassen:

(1) Die Frage „was ist es?“ ist die Frage nach dem Bestandteil. Sie zielt auf die KATEGORIE. Kategorien sind einteilende Begriffe.

(2) Die Frage, „was leistet es?“ ist die Frage nach der FUNKTION, nach der Rolle, die etwas im größeren Ganzen spielt.

In der Syntax beziehen sich die KATEGORIEN auf Einteilungen wie Wort, Wortgruppe, Gliedsatz, Wortart sowie die (morphosyntaktischen) Kategorien des verbalen Tempus, Modus, des Numerus usw. Die FUNKTIONEN beziehen sich auf Begriffe wie Subjekt, Objekt, Prädikat, adverbielle Bestimmung und Attribut. Im folgenden werden diese Bezeichnungen für Kategorien und Funktionen erörtert.

4.1 *Das Zerlegen eines Satzes*

Ein Satz besteht aus mehreren Bestandteilen. Ehe wir fragen können, welcher Kategorie sie angehören und welche Funktion sie haben, müssen wir die Bestandteile haben; d. h. wir müssen den Satz in seine Teile zerlegen können.

Zum Ermitteln der Bestandteile eines Satzes werden üblicherweise drei verschiedene Verfahren angewendet:

(1) DAS INTUITIVE VERFAHREN

Man fragt, welche Teile enger zusammengehören, und erhält Gruppen von Wörtern. Beispiel:

Die ägyptischen Studenten beziehen heute die Zimmer des neuen Wohnheims. wird aufgeteilt in: *Die ägyptischen Studenten / beziehen / heute / die Zimmer des neuen Wohnheims.* Man hat eventuell Probleme, ob man *die Zimmer des neuen Wohnheims* als zwei Gruppen oder als eine behandeln soll. Die Intuition signalisiert hier jedenfalls, daß man etwas in der Syntax als Satzglied zweiter Ordnung erfaßt. Diese intuitive Methode ist nicht zu überprüfen und deshalb für eine wissenschaftliche Analyse eigentlich nicht zu gebrauchen. Das Ergebnis muß nicht falsch sein – und deswegen wird dieses Verfahren zur Abkürzung einer syntaktischen Darstellung immer wieder verwendet, – aber man hat nicht gesagt, warum man zu diesem Ergebnis gekommen ist.

AUFGABE 4.1: Zerlegen Sie die folgenden Sätze nach dieser intuitiven Methode: (1) *Er klopfte seinem Freund anerkennend auf die Schulter.* (2) *Der Stationsvorsteher winkte das Mädchen mit der roten Mütze mit seiner Pfeife herbei.*

(2) DAS OPERATIONALE VERFAHREN:

Bei einem operationalen Verfahren werden Anweisungen gegeben, denen man folgen soll. Wenn man sie befolgt, kommt man zu dem gewünschten Ergebnis[12]. Zum Bestimmen der Bestandteile eines Satzes dient das folgende Verfahren, das UMSTELLPROBE, VERSCHIEBEPROBE und KOMMUTATIONSPROZEDUR genannt wird.

Anweisung: Stelle die Wörter im Satz so um, daß das Resultat einen sinnvollen Satz ergibt. Ermittle die Wörter bzw. Wortgruppen, die gemeinsam umgestellt (verschoben) werden können.

Umstellprobe für den Beispielsatz *Heute beziehen die ägyptischen Studenten die Zimmer des neuen Wohnheims.:*

- *Die Zimmer des neuen Wohnheims beziehen heute die ägyptischen Studenten.*
- *Die ägyptischen Studenten beziehen heute die Zimmer des neuen Wohnheims.*
- *Beziehen heute die ägyptischen Studenten die Zimmer des neuen Wohnheims?*

Aber nicht • **Heute beziehen ägyptischen des neuen Wohnheims Studenten die Zimmer*[13].

12 In den naturwissenschaftlichen Experimenten ist diese Vorgehensweise die übliche. Sie spielt in der methodischen Diskussion auch in der Linguistik eine große Rolle; insbesondere bestimmte sie den klassischen amerikanischen Strukturalismus (s. Harris 1951, zur Kritik s. u. a. Chomsky 1957).

13 * gibt an, daß der Satz unakzeptabel ist.

Sinnvoll wäre auch • *Heute beziehen die ägyptischen Studenten des neuen Wohnheims die Zimmer.* Wenn man sinnvoll gleichsetzt mit gleichbedeutend, muß die letzte Variante herausfallen! Ebenfalls problematisch wird es, wenn man Stellungsvarianten vom Typ *Beziehen die ...?* zuläßt. Ein weiteres Problem taucht auf, wenn man abweichende Zeichensetzung zuläßt und einen Satz wie • *Studenten, die ägyptischen, beziehen heute die Zimmer des neuen Wohnheims.* oder • *Die Studenten beziehen heute die neuen ägyptischen Zimmer des Wohnheims.* oder • *Die Studenten beziehen heute die Zimmer des ägyptischen neuen Wohnheims.* usw. Die Umstellprobe ist immer dann sehr problematisch, wenn Satzglieder zweiter Ordnung (s. unten) wie die Attribute in einem Satz stehen, weil diese durch das Umstellen anderen nominalen Gruppen zugeordnet werden können oder die Funktion wechseln können vom Attribut zum Adverbialglied wie im Beispiel *Das Mädchen mit der roten Mütze winkt ihm zu.* und *Das Mädchen winkt ihm mit der roten Mütze zu.*

Ergebnis: Bei verschärft angewendetem Sinnkriterium „bedeutungsgleich" erhält man folgende Gruppen: *Heute / beziehen / die ägyptischen Studenten / die Zimmer des neuen Wohnheims.*

AUFGABE 4.2: Zerlegen Sie die Sätze der Aufgabe 4.1, indem Sie die Umstellprobe anwenden.

(3) DAS ANALYTISCHE VERFAHREN:

Beim analytischen Verfahren stellt man HILFSFRAGEN, die auf die Funktionen der Bestandteile des Satzes zielen, die aber jeder versteht, auch wenn er von Satzfunktionen nie etwas gehört hat, geschweige denn, sie benennen kann.

Der Fragekanon lautet:

(a) Wer oder was ist es / tut es / geschieht?
(b) Was ist es, das getan wird / geschieht?
(c) Wen oder was betrifft es?
(d) Wem geschieht es / gehört es?
(e) Wessen xyz ist es?
(f) Wann / wohin / auf was / womit / wie geschieht es? Weitere mögliche Fragen sind: wozu / wofür / wodurch / wie lange / wo? u. a.

Auch hier zerlegen wir den Beispielsatz: *Heute beziehen die ägyptischen Studenten die Zimmer des neuen Wohnheims.* Wir benutzen zur Frageformulierung den Satz selbst, wie man es üblicherweise tut, und nicht die abstrakten Formulierungen wie oben im Fragekanon:

(a) Wer oder was bezieht die Zimmer des neuen Wohnheims? – *die ägyptischen Studenten.*

(b) Was tun die ägyptischen Studenten? – *(Sie) beziehen die Zimmer des neuen Wohnheims.* Mit dieser Frage kann man das Verb kaum isoliert ermitteln, sondern nur in dem Verband, den man dann Prädikat nennt, wenn man einen weiten Prädikatsbegriff ansetzt (vgl. S. 73).
(c) Was wird bezogen? – *die Zimmer (des neuen Wohnheims).*
(e) Wessen Zimmer werden bezogen? – *des Wohnheims.*
(f) Wann werden die Zimmer des neuen Wohnheims bezogen? – *heute.*

Weitere Fragen sind hier nicht anwendbar. Das Ergebnis: Durch die Zusatzfragen wird rückwirkend das Verb isoliert, so daß wir auch mit diesem Verfahren zu einer gestuften Antwort kommen:

Die Teile des Satzes sind auf der ersten Stufe: *die ägyptischen Studenten* auf der einen Seite und der ganze Rest des Satzes auf der anderen. Auf der zweiten Stufe: *Die ägyptischen Studenten / beziehen / heute / die Zimmer des neuen Wohnheims.* Auf einer dritten Stufe können noch getrennt werden: *die Zimmer / des neuen Wohnheims.* Mit einer Frage vom Typ: Welcher Art sind die Studenten / die Zimmer? könnte auf einer weiteren Stufe der Analyse auch noch *ägyptischen* und *neuen* herausgelöst werden.

AUFGABE 4.3: Zerlegen Sie den Satz (2) der Aufgabe 4.1 (S. 53) mithilfe der analytischen Fragen.

AUFGABE 4.4: Vergleichen Sie die Ergebnisse der Aufgaben 4.1–4.3. Wenn Sie Unterschiede feststellen, sollten Sie die Lösungshinweise im Anhang besonders aufmerksam lesen.

Die drei Verfahren zur Isolierung von Satzgliedern zeigen, daß jedes seine Probleme hat. Man kommt zwar ungefähr zu denselben Ergebnissen, aber nicht in jeder Hinsicht zu den gleichen. Man erhält bei jedem Verfahren eine Aufteilung, die zwischen Wort und Satz liegt. Es handelt sich aber offensichtlich nicht um eine einfache Aufgliederung, sondern um ein gestuftes hierarchisches Verhältnis zwischen mehr oder weniger eng miteinander verbundenen Wortgruppen oder im Minimalfall Wörtern. Die Geschichte der Sprachwissenschaft zeigt, daß man immer dann zu unbefriedigenden Satzbeschreibungen gekommen ist, wenn man nur eines der Verfahren zur Grundlage der Sprachanalyse gemacht und damit verabsolutiert hat[14].

14 Z. B. operationale Verfahren im amerikanischen Strukturalismus, analytische Hilfsfragen in der Schulgrammatik und intuitive Verfahren in der Generativen Transformationstrammatik, die diese mangelnde Präzision durch anschließendes drastisches Formalisieren verdeckt hat.

<table>
<tr><td>SATZ</td><td colspan="10">Die ägyptischen Studenten beziehen heute die Zimmer des neuen Wohnheims</td></tr>
<tr><td>WORTGRUPPEN
1. Stufe</td><td colspan="3">Die ägyptischen Studenten</td><td colspan="7">beziehen heute die Zimmer des neuen Wohnheims</td></tr>
<tr><td>WORTGRUPPEN
2. Stufe</td><td colspan="3">Die ägyptischen Studenten</td><td>beziehen</td><td>heute</td><td colspan="5">die Zimmer des neuen Wohnheims</td></tr>
<tr><td>WORTGRUPPEN
3. Stufe</td><td colspan="3">Die ägyptischen Studenten</td><td>beziehen</td><td>heute</td><td colspan="2">die Zimmer</td><td colspan="3">des neuen Wohnheims</td></tr>
<tr><td>WORTGRUPPEN
4. Stufe</td><td>Die</td><td>ägyptischen</td><td>Studenten</td><td>beziehen</td><td>heute</td><td colspan="2">die Zimmer</td><td>des</td><td>neuen</td><td>Wohnheims</td></tr>
<tr><td>WÖRTER</td><td>Die</td><td>ägyptischen</td><td>Studenten</td><td>beziehen</td><td>heute</td><td>die</td><td>Zimmer</td><td>des</td><td>neuen</td><td>Wohnheims</td></tr>
</table>

Wir fassen als Ergebnis der Zerlegung zusammen: Zwischen Wort und Satz gibt es ein je nach Satzkomplexität mehr oder weniger gestuftes Gefüge von Bestandteilen, die von einem Wort (Minimalfall) oder von einer Wortgruppe besetzt sind. Dabei zeigt sich, daß die Verfahren einander ergänzen, aber nicht widersprechen. Die Aufteilung ist feiner oder gröber, aber nicht gegenläufig. Im Beispiel bedeutet das, daß *heute* zwar in einem großen Verband mit dem Verb stehen kann, aber nicht in der Wortgruppe *die Zimmer des neuen Wohnheims*. Wir stellen die Zerlegungsstufen im folgenden graphisch dar, einmal am Beispielsatz und einmal abstrakt. Man sollte nicht vergessen: Überall, wo Wortgruppe steht, kann als Minimalfall Wort erscheinen; dann wäre natürlich keine weitere Zerlegung möglich. Der Satz *Großvater schnarcht.* zerfällt nur in zwei Teile. Unser Beispielsatz enthält mehrere Teile, wie das Schema zeigt (es handelt sich um ein sogenanntes Kastenschema): (s. Abb. S. 56).

Das kann man auch graphisch anders darstellen in einem sogenannten Baumgraphen: (s. Abb. S. 58).

Eine Minimalversion dieses Satzgrundmusters wäre *Studenten beziehen heute Wohnheimzimmer.*; eine ausgefaltete Version des Grundmusters wäre *Die gerade aus Kairo angekommenen ägyptischen Studenten beziehen heute abend gegen 19 Uhr die vom Auslandsamt der Hochschule bestellten und vom Studentenwerk resevertierten Zimmer des gerade rechtzeitig fertiggestellten neuen Studentenheims.* Selbstverständlich wären zu einer genauen Analyse des letzten Satzes weitere Zerlegungsschritte nötig, aber die Strukturen auf der ersten, zweiten und dritten Stufe sind gleich.

AUFGABE 4.5: (a) Zerlegen Sie folgenden Satz nach dem vorgeführten Muster (Kastenschema und/oder Baumgraph): *Der Hausmeister führt die eben angekommenen Studenten sogleich zu ihren Zimmern im dritten Stock.* (b) Schreiben Sie zum gleichen Muster einen Minimalsatz. (c) Bilden Sie ebenfalls einen ausgebauten (komplexen) Satz.

Exkurs: Ein Sonderproblem für die Zerlegung stellen Wortgruppen dar, die zusammengehören, aber nicht nebeneinander stehen, wie z. B. *ziehen ein* im Satz *Die Studenten ziehen heute abend in ihre Zimmer ein.*, oder *sind eingezogen* in *Die Studenten sind heute abend in ihre Zimmer eingezogen.*, oder *sind reserviert worden.* Bei analytischer und wohl auch intuitiver Zerlegung würde man diese Wörter zu Gruppen zusammenfassen, bei der Umstellprobe geht das nicht bzw. nur in Gliedsätzen und dann mit anderer Reihenfolge, vgl. *weil sie . . . reserviert worden sind.*

Die Zerlegung in das gestufte Gefüge von Wortgruppen gibt die Strukturpositionen im Satz an: Je mehr Wörter der Satz enthält, desto

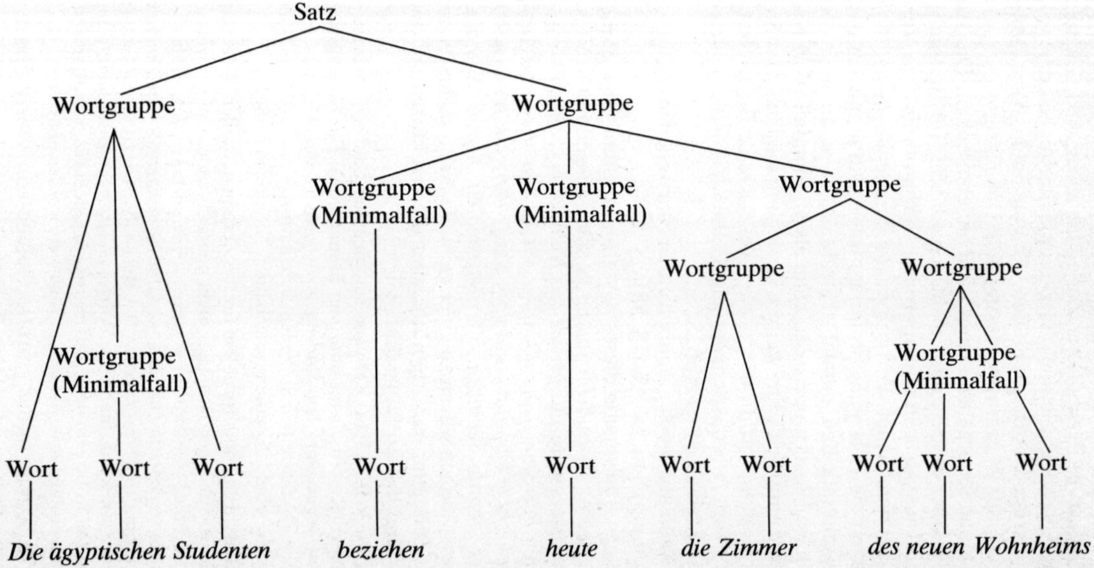

Satz
Wortgruppe
Wortgruppe
Wortgruppe (Minimalfall)
Wortgruppe (Minimalfall)
Wortgruppe
Wortgruppe (Minimalfall)
Wortgruppe
Wortgruppe
Wortgruppe (Minimalfall)
Wort
Wort
Wort
Wort
Wort
Wort
Wort
Wort
Wort
Wort
Die ägyptischen Studenten
beziehen
heute
die Zimmer
des neuen Wohnheims

mehr Strukturpositionen (Satzpositionen) wird er enthalten. Dabei werden auf der obersten Stufe jeweils nur zwei bzw. – wenn ein Satzadverbialglied erscheint – drei Wortgruppen vorkommen.

4.2 *Kategorien im Satz*

Durch Zerlegung gelangt man zu Bestandteilen des Satzes, die bestimmte Strukturpositionen im Satz einnehmen. Auf der untersten Stufe gelangt man jeweils zu den Wörtern, welche eine Position einnehmen. Die Wörter können kategorial nach Wortarten klassifiziert werden. Über den Zusammenhang von Wortart und Satz ist nun zweierlei zu ermitteln:

1. Gibt es Regeln dafür, daß bestimmte Strukturpositionen nur von Wörtern einer bestimmten Wortart eingenommen werden können?
2. Kann man die Wortgruppen sinnvoll nach Wortartkategorien benennen?

Beide Fragen münden in das generelle Interesse: Kann man Strukturmuster von Sätzen mit Wortartkategorien verknüpfen? Anders gesagt: Wie kann man Satzmuster, also die Ordnungsprinzipien des Satzes, und Wortarten, also die Ordnungsprinzipien des Wortschatzes, miteinander verbinden?

Vorab gilt es, eine terminologische Vorfrage zu klären: Wie werden Wortgruppen insgesamt benannt? Wir haben uns bisher mit dem neutralen Ausdruck „Wortgruppe" beholfen, der nur ausdrückt, daß Wörter zusammengehören. In der Geschichte der Sprachwissenschaft wurden in den verschiedenen Richtungen verschiedene Termini eingeführt. Bereits in den vergangenen Jahrhunderten findet man (SATZ-)GRUPPE, (SATZ-)GLIED, (SATZ-)TEIL; in strukturalistischer Linguistik werden die Termini SYNTAGMA und KONSTITUENTE eingeführt; in der Generativen Transformationsgrammatik ist PHRASE gebräuchlich. Zum definitorischen Hintergrund der neueren Begriffe folgen einige Zitate:

> (1) „Als Syntagma bezeichnet man jede Verbindung von Monemen. Ein autonomes Syntagma ist eine Verbindung von zwei oder mehr Monemen, die in ihrer Funktion nicht von ihrem Platz in der Äußerung abhängt. Das autonome Syntagma kann vom Typ *letztes Jahr* sein."
>
> Martinet 1970,101

(2) „Nominalphrasen (besonders seit N. Chomsky 1957 abgekürzt durch das Kategorialsymbol ‚NP') sind endozentrische Konstruktionen, deren ‚head' (Nukleus) in der Oberflächenstruktur sowohl von pronominalen als auch von postnominalen Modifikatoren (z. B. Determinatoren und Adjektiven einerseits und Relativsätzen andererseits) ‚näher bestimmt' sein kann. Zu den Nominalphrasen zählen aber nicht nur Wortgruppen (Syntagmen), die als ‚Kern' ein Nomen haben wie z. B.

(1) *das Mädchen*

(2) *das hübsche Mädchen*

(3) *das hübsche, schwarzhaarige Mädchen im Bikini,*

sondern auch Elemente wie *ich, wir* und *du, Sie, ihr.*"

Welte 1974,409

(3) „Die Umstellprobe und die Ersatzprobe zeigen, daß es neben den Wortklassen noch eine weitere Ebene in der Grammatik gibt, die zwischen Wort und Satz liegt: die Satzglieder.

Er legt das Buch auf den Tisch

Umstellprobe: *Auf den Tisch legt er das Buch*

Ersatzprobe: *Dorthin legt er das Buch*

Dieses Beispiel läßt deutlich werden, daß ein Satzglied entweder aus einem Wort oder aus mehreren Wörtern bestehen kann, daß dasselbe Satzglied durch verschiedene Wortklassen repräsentiert werden kann."

Helbig/Buscha 1972,473

(4) „Alle durch binäre Teilung eines Satzes entstehende Morphemfolgen oder Morpheme sind Konstituenten."

Heupel 1973,124f.

Es läßt sich für und wider jeden dieser Begriffsnamen argumentieren. Da wir eine allgemeine Einführung in die Syntax und nicht in ein spezielles Modell geben, werden wir die Begriffe Syntagma, Konstituente und Phrase nicht verwenden bzw. nur dann, wenn wir auf die dazugehörigen Ansätze eingehen. Wir greifen deshalb auf die älteren Benennungen zurück, allerdings mit Präzisierungen des Gebrauchs. Leider gibt es hier weder eine einheitliche Tradition noch einen einheitlichen Gebrauch. Sowohl TEIL als auch GLIED werden sowohl für die Kategorie als auch für die Funktion verwendet. Wir reden von GRUPPEN, wenn wir die Zusammengehörigkeit von Wörtern meinen. Wir reden vom SATZGLIED und GLIED, wenn wir die Kategorie im Satzverband meinen, unabhängig davon, ob sie durch nur ein Wort oder durch eine Wortgruppe besetzt ist. Wenn die entsprechende Strukturposition durch einen Teilsatz wahrgenommen wird, sprechen wir eben deshalb von einem GLIEDSATZ. Wir reden vom SATZTEIL, wenn wir von den Funktionen im Satz reden; wiederum unabhängig davon, ob es sich um ein Wort oder eine Wortgruppe handelt.

Von der Wortartkategorie her gibt es zwei Wege, die Wortgruppen zu benennen: 1. Man geht von der Besetzung eines Satzgliedes durch ein Wort aus und bestimmt das Satzglied nach dessen Wortart. 2. Man analysiert Wortgruppen und fragt, ob eine bestimmte Wortart eine dominierende Rolle spielt. Nach der dominierenden Wortart wird dann das Satzglied benannt.

NOMINALES SATZGLIED

Nominale Satzglieder sind dadurch gekennzeichnet, daß sie als dominierende Elemente NOMEN oder PRONOMEN enthalten. Folgende Erscheinungsformen kommen vor:

- ein Nomen, z. B. *Hunde bellen laut.*
- ein Pronomen, z. B. *Er schläft sich gründlich aus. – Sie bellen.*
- eine größere Wortgruppe, in der das Nomen dominiert. Man sieht es daran, daß es Genus und Numerus der Gruppe bestimmt; z. B. *mein kleiner Freund; meine kleine Freundin; die große Liebe; das große Glück.*

  Die Segmentierung durch die analytischen Fragen hat gezeigt, daß die Adjektive hier einen besonderen Status haben. Man könnte sie als eigene eingebettete Satzglieder analysieren, vgl. dazu die Behandlung des Attributs S. 81f.

- mehrere Nomen als koordinierte Reihung, z. B. *Peter und Paul; Wein, Weib und Würfel*
- Reihungen mit Nomen als nähere Bestimmungsangaben wie *Prof. Müller; Onkel Theobald; ein Faß Bier*
- bei Attributen, insbesondere, wenn sie selbst ein Nomen enthalten, kommt es auf die Analysestufe an, ob man ein einziges nominales Satzglied oder zwei ansetzt. Wenn man zwei Satzglieder ansetzt, bildet das Attribut ein Satzglied zweiter Ordnung, das strukturell in das übergeordnete Satzglied eingebettet ist, z. B. *der über alle Maßen aufdringliche Verkäufer; des Kaisers neue Kleider; die neuen Kleider des Kaisers* (zu dem Problem der präpositionalen Gruppen s. unten).

VERBALES SATZGLIED

Verbale Satzglieder sind solche, die ein oder mehrere VERBEN enthalten

- einfache Verben wie *schnarcht* und *bellen* in den eben angeführten Sätzen;

- sogenannte umschriebene Verbformen mit Hilfsverb oder Modalverb wie *hat geschnarcht, ist aufgeweckt worden, darf ausschlafen;*
- Infinitive mit *zu* wie *er versuchte zu schlagen;*
- Verben mit sogenannten Verbzusätzen (auch trennbare Präfixe genannt) vom Typ *schläft aus.* Bei mehrteiligen Verbgliedern gibt es im Deutschen das Phänomen der verbalen Satzklammer. In Sätzen stehen zwischen der finiten Verbform und den weiteren Teilen andere Satzglieder (in Gliedsätzen allerdings nur in festen Wendungen, z. B. *weil sie haben Karten spielen wollen.)*

Vom solchen Besonderheiten der Wortstellung her, bei der strukturell Zusammengehöriges auseinander gerückt ist, kann man Argumente finden, daß es mehrere Strukturebenen des Satzes gibt. Man spricht so von OBERFLÄCHEN- und TIEFENSTRUKTUREN oder PHÄNO- und TEKTOSTRUKTUREN.

ADVERBIALES SATZGLIED

Adverbiale Satzglieder bestehen aus einem oder mehreren ADVERBIEN wie *heute* und *gern* in: *Heute arbeitet Karl gern.* Adverbiale Satzglieder sind auch solche, die aus mehreren Adverbien bestehen wie *heute abend* und *immer gern.* (Zum Abgrenzungsproblem zur Adjektivgruppe s. unten).

Bei der kategoriellen Benennung adverbialer Satzglieder wird eine Verwechslung zur – später einzuführenden – funktionalen adverbiellen Bestimmung schon vom Namen her nahegelegt. Wir haben dieses Problem des Begriffsnamens Adverb oben erläutert; man kann hier leider die traditionellen Wortartnamen nicht aufgeben, obwohl das sicher der begrifflichen Klarheit dienlich wäre.

Für die nominalen, verbalen und adverbialen Satzglieder ist die kategoriale Kennzeichnung relativ unproblematisch. Der Satzgliedcharakter ist eindeutig, die minimale Besetzung ist eindeutig; und die Dominanz der Wortart, die im Minimalfall vorkommt, ist auch in der Wortgruppe gegeben.

AUFGABE 4.6: (a) Segmentieren Sie den folgenden Text, den Anfang des Märchens „Die sieben Raben“, in seine Satzglieder.
(b) Kennzeichnen Sie die nominalen, die verbalen und die adverbialen Satzglieder:
Ein Mann hatte sieben Söhne und immer noch kein Töchterchen, so sehr er sich's auch wünschte. Endlich ward ihm auch ein Mädchen geschenkt. Die Freude war groß, aber das Kind war schmächtig und klein und sollte

deshalb die Nottaufe bekommen. Der Vater schickte einen der Knaben eilends zur Quelle, damit er Taufwasser hole.

Bei den folgenden Satzgliedern sind die Verhältnisse komplizierter.

PRÄPOSITIONALES SATZGLIED

Bei präpositionalen Satzgliedern handelt es sich immer um Wortgruppen. Man hat also das Dominanzkriterium anzuwenden. Hier gibt es zwei Dominanzen:

(1) Man geht entweder davon aus, daß eine Präposition den Kasus des folgenden nominalen Satzgliedes regiert und nennt folgerichtig die ganze Gruppe ein PRÄPOSITIONALES SATZGLIED. In einigen Fällen ist die Rektionsrichtung jedoch nicht eindeutig gegeben: Bei einigen Verben, die mit Präposition stehen müssen *(bitten um, denken an* usw.), geht die Rektion vom Verb aus; in anderen Fällen wird der Kasus auch über die Satzbedeutung gesteuert, vergleichen Sie dazu den Unterschied zwischen Ort und Richtung durch Dativ und Akkusativ gekennzeichnet *(Ich bin im Garten.* und *Ich gehe in den Garten).* Schließlich gibt es Präpositionen, bei denen entweder Dativ oder aber Genitiv stehen kann. Das hängt mit einer historischen Entwicklung zusammen, der Genitiv verliert seinen Kasuscharakter zugunsten des Dativs; vgl. *wegen des schlechten Wetters* und *wegen dem schlechten Wetter.*

(2) Man geht davon aus, daß ein Satzglied mit Präposition immer ein nominales Satzglied enthält und spricht von NOMINALEM SATZGLIED MIT PRÄPOSITION. Beide Wege werden gegangen und beide Bezeichnungen finden sich in Grammatiken.

Die Tatsache, daß Präpositionen häufig mit enklitischem Artikel erscheinen *(im → in dem, ins → in das),* erleichtert die Angelegenheit nicht unbedingt. In diesem Fall wirkt die Genus/Numerus-Dominanz des Nomens direkt in die (graphematisch als ein Wort erscheinende) Präposition, so daß man versucht ist, von einem nominalen Satzglied zu sprechen, vgl. *im Bett.* Aber die Präposition hat andererseits einen Teil des nominalen Satzgliedes aufgesogen. Eigentlich ist es gleichgültig für die syntaktische Beschreibung, ob man vom nominalen Glied mit Präposition oder vom präpositionalen Glied spricht. Allenfalls können hier die terminologischen Probleme ein Lehrstück an einem einfachen und leicht nachvollziehbaren Beispiel dafür sein, wie man durch striktes Anwenden von Definitionskriterien zu unterschiedlichen Lösungen gelangt.

Zur Demonstration zeichnen wir deshalb die Verhältnisse in Baumgraphen auf:

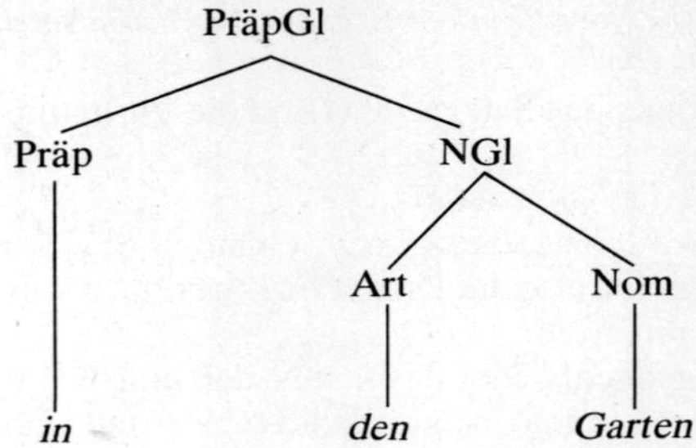
PräpGl
Präp
NGl
Art
Nom
in
den
Garten

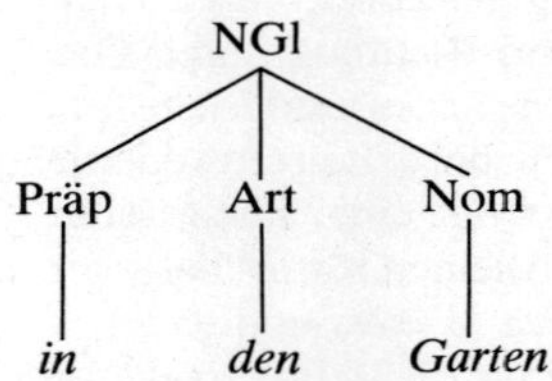
NGl
Präp
Art
Nom
in
den
Garten

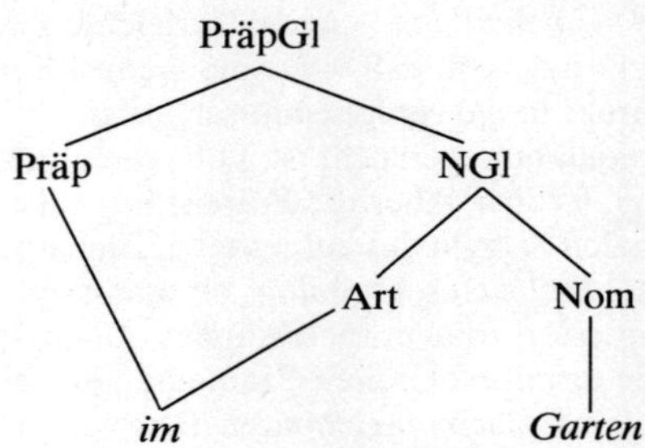
PräpGl
Präp
NGl
Art
Nom
im
Garten

oder

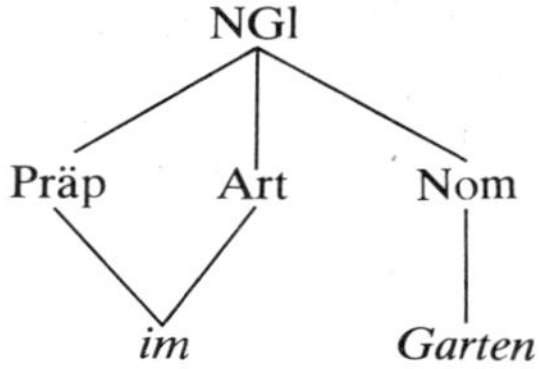

DAS ADJEKTIVISCHE SATZGLIED

Das adjektivische Satzglied stellt uns vor drei Probleme:

(1) Bei der Definition der Wortart Adjektiv haben wir gesehen, daß Adjektive und Adverbien je nach Definitionskriterium zusammengehören oder zwei Wortarten sind. Das Problem bleibt erhalten, wenn man Satzglieder bestimmt. Wir gehen dabei von einem umfassenden Adjektivbegriff aus und werden also sagen, daß in folgenden Sätzen adjektivische Satzglieder enthalten sind: *Der muntere Opa geht spazieren.* (attributiver Gebrauch); *Opa ist munter.* (prädikativer Gebrauch); *Opa geht munter spazieren.* (adverbieller Gebrauch).

(2) Diese Klassifizierung kann auch bei Wortgruppen erhalten bleiben, bei denen das Adjektiv modifiziert wird

- durch andere vorangestellte Adverbien oder Adjektive *(ganz schön munter)*
- in idiomatischen Wendungen mit nachgestellten präpositionellen Gliedern *(gelb vor Neid, rot wie Blut).*

Strukturell ist in einem Satzglied wie *ganz schön munter* das Adjektiv *schön* dem Adjektiv *munter* untergeordnet, während das Adverb *ganz* wiederum dem Adjektiv schön untergeordnet ist. Eine Darstellung in einem Baumgraphen kann wie folgt aussehen:

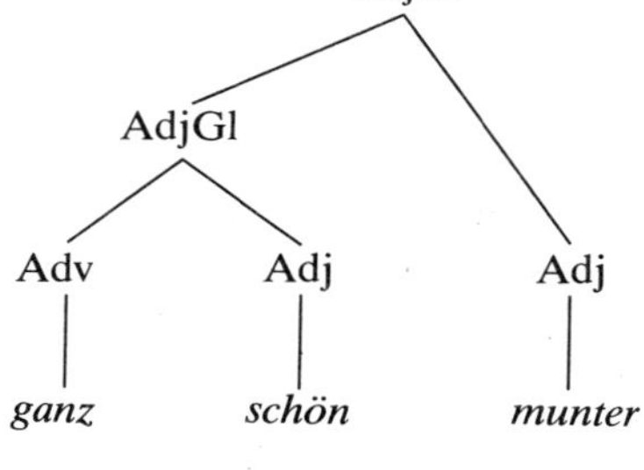

(3) Adjektivische Satzglieder sind als Attribute (s. unten) in nominale Gruppen eingebettet. Auf der ersten Segmentierungstufe gehören sie nominalen Satzgliedern an. Die Dominanz der nominalen Satzglieder zeigt sich weiterhin in der Deklination und zumindest in der „Normalform" vorangestellter Adjektive in der Stellung zwischen Artikel und Nomen *(die alte Dame, ein leicht lösbares Problem).* Trotzdem stellen auch diese eigene Satzglieder dar; die Umwandlung zeigt es, vgl. → *das Problem ist leicht lösbar;* sie sind bei der Segmentierung auf der unteren Stufe segmentiert worden; und sie können wegfallen, ohne daß der Satz syntaktisch fehlerhaft wird, vgl. → *das Problem ist lösbar.*

PARTIZIPIEN ALS SATZGLIED

Ein Problem jeder grammatischen und syntaktischen Beschreibung im Deutschen (und nicht nur im Deutschen) stellen die PARTIZIPIEN dar. Bereits bei der Wortartdefinition hat man Probleme, ob man sie zu den Verben rechnen oder als eigene Wortart behandeln soll, die manchmal verbal und manchmal adjektivisch verwendet wird. Nicht von ungefähr werden Partizipien in vielen Grammatiken VERBALADJEKTKVE genannt. Morphologisch sind sie in ihrer Grundform spezielle Formen des Verbs. Syntaktisch erscheinen sie in drei Positionen: (a) Als Teil „umschriebener" Verbformen, dann gehören sie verbalen Satzgliedern an. (b) In deklinierter Form werden sie wie Adjektive gebraucht *(blühende Rosen, geschnittene Rosen* wie *rote Rosen);* dann sind sie adjektivische Satzglieder. (c) In Konstruktionen wie im bereits zitierten Anfang von Broch „Der Tod des Vergil".

> *Stahlblau und leicht, bewegt von einem leisen, kaum merklichen Gegenwind, waren die Wellen des Adriatischen Meeres dem kaiserlichen Geschwader entgegengeströmt,*

spricht man in der traditionellen Grammatik vom satzwertigen Partizip. Man kann diese Partizipialkonstruktion in einen Gliedsatz umwandeln wie *während sie . . . bewegt wurden.* Dabei geht allerdings der adjektivische Charakter der Partzipialkonstruktion verloren, der dadurch gekennzeichnet ist, daß dieses *bewegt* fast wie ein Attribut auf *Wellen* zu beziehen ist. Man könnte auch umwandeln in *von einem leisen Gegenwind bewegte Wellen.*

Der eindeutige Bezug auf ein Nomen wird von stilistisch wenig geschulten Schreibern oft nachlässig behandelt und führt zu syntaktisch kaum verständlichen Konstruktionen wie: *Im Hafen angekommen schlief der Wind endgültig ein.* (Wer ist im Hafen angekommen? der Wind?). Schon in traditioneller Sicht stellt also diese Partizipialkonstruktion ein eigenes Phänomen dar. Auch bei einer Segmentierungsanalyse wird zunächst die Konstruktion als ganze Wortgruppe herausfallen. Nach unserem Kriterium der Minimalbesetzung und der Dominanz muß die Wortgruppe als Partizipialgruppe und somit als partizipiales Glied angesehen werden, während die Fälle (a) und (b) als verbales bzw. adjektivisches Glied anzusehen sind.

Wir haben jetzt die Satzglieder benannt. Wir sind dabei mit den beiden PRINZIPIEN der MINIMALEN BESETZUNG und der DOMINANZ ausgekommen, müssen uns aber noch einem Problem stellen: Bei den analytischen Fragen enthielt der Satz auf der ersten Stufe eine umfangreiche Wortgruppe: *(Die ägyptischen Studenten) werden heute die Zimmer des neuen Wohnheims beziehen.* Nach unserer bisherigen kategoriellen Beschreibung enthält diese Wortgruppe
– das verbale Satzglied *werden . . . beziehen*
– das adverbiale Satzglied *heute*
– das nominale Satzglied *die Zimmer des neuen Wohnheims,* untergliedert in *die Zimmer* und *des neuen Wohnheims.*

Was ist aber nun die gesamte Wortgruppe (die wir später funktional Prädikat – weiter Prädikatsbegriff – nennen werden)? Die Frage ist nur dann sinnvoll, wenn man aus Gründen des Systemzwangs einen Namen braucht. Das ist z. B. sinnvoll, wenn man in einer Baumgraphendarstellung Analysestufen und Zusammengehörigkeiten darstellen sowie kategorielle und funktionale Begriffe klar trennen will. Wir könnten hier von einer verbalen Gruppe sprechen, wobei dann zu beachten wäre, daß diese nicht nur Verben enthält.

4.3 *Funktionen im Satz*

Für die Analyse von Sätzen haben wir bisher folgende Aspekte behandelt: Wir haben Sätze in größere und kleinere Bestandteile zerlegt; weiterhin haben wir die Struktur der Sätze aufgezeigt, indem wir die Zusammengehörigkeit der Bestandteile, ihre hierarchische Ordnung, dargestellt haben. Wir haben schließlich festgestellt, welche Wortartkategorien den Bestandteilen zuzuordnen sind, weil entsprechende Wörter in ihnen dominierend vorkommen; und wir haben auf dieser Grundlage den Bestandteilen selbst kategorielle Namen gegeben.

Als nächster Schritt ist nun herauszuarbeiten, wie die Bestandteile im Satz zusammenwirken, so daß ein Satz entsteht. Es ist demnach für die einzelnen Satzglieder zu fragen, was sie im Satzverband leisten, welche Rolle sie spielen, oder in der gängigen Bezeichnung: welche FUNKTION sie erfüllen.

4.3.1 Zum methodischen Vorgehen

Für die Funktionsanalyse von Sätzen werden wiederum gewöhnlich drei Verfahren angewendet: das operationale, das analytische und das morphologische Verfahren. Alle drei Verfahren haben ihre Probleme, weil sie auf ein intuitives Verstehen angewiesen sind.

Mit dem OPERATIONALEN VERFAHREN versucht man, eine Minimalbesetzung des Satzes zu ermitteln, d. h. man fragt, ob ein Satzglied notwendig stehen muß oder nicht. Als Verfahren benutzt man die WEGLASSPROBE oder ABSTRICHPROBE.

> AUFGABE 4.7: (a) Segmentieren Sie folgende Sätze in Satzglieder. (b) Markieren Sie die weglaßbaren und die notwendigen Satzglieder unter der Fragestellung: Ist es noch ein sinnvoller Satz?: (1) *Stefan verspürte plötzlich heftige Schmerzen im Bauch.* (2) *Er kam mit seinem gereizten Blinddarm mitten in der Nacht ins Krankenhaus.* (3) *Auf der Aufnahmestation wurde er sofort untersucht.*

Wenn Sie diese Aufgaben gelöst haben, könnten Sie folgende Schwierigkeiten gehabt haben:

1. Sie könnten festgestellt haben, daß ein so gekürzter Satz wichtige Informationen nicht mehr enthält. Es geht also hier offensichtlich um ein rein abstraktes grammatisches Verfahren, bei dem die Satzbedeutung in jedem Fall Schaden nimmt.

2. Den Willen zur Abstraktion vorausgesetzt, könnten Sie Entscheidungsschwierigkeiten gehabt haben, und zwar auf zweierlei Ebenen:

- Im Satz (2) muß wohl eines der drei Satzglieder hinter dem Verb stehen bleiben, aber welches?
- Im Satz (3) kann das erste Satzglied nicht entfallen, es sei denn, man stellt die anderen um.

Das operationale Verfahren ist also recht unscharf und auf intuitive Entscheidungen angewiesen. Über die Qualität der einzelnen Satzfunktionen sagt es übrigens nichts aus.

Mit dem ANALYTISCHEN VERFAHREN versucht man, diese Qualität der einzelnen Satzglieder festzustellen. Man verwendet die bereits in Kap. 4.1 zur Segmentierung benutzten HILFSFRAGEN und erhält auf diese Weise folgende Satzglieder:

Hilfsfrage	Satzfunktion
(a) Wer oder was ist es/tut es/ geschieht?	Subjekt
(b) Was ist es, das getan wird/ geschieht?	Prädikat
(c) Wen oder was betrifft es?	Objekt
(d) Wem geschieht es/gehört es?	Objekt
(e) Wessen xyz ist es?/Was für ein xyz ist es?	Attribut
(f) Wann/wohin/auf was/womit/ wie geschieht es?	adverbielle Bestimmung (modal, temporal, lokal)

AUFGABE 4.8: (a) Analysieren Sie die Sätze der Aufgabe 4.7 nach der analytischen Methode. (b) Können Sie, indem Sie die Lösungen der Aufgabe 4.7 mit denen der Aufgabe 4.8 (a) verbinden, Rückschlüsse ziehen, welche Funktionen notwendig und welche (manchmal) weglaßbar sind?

Auch dieses analytische Verfahren setzt intuitives Verstehen des Satzes voraus, das in die Formulierung der Fragen eingeht. Einige der Fragen orientieren sich darüber hinaus an morphologischen Sachverhalten, nämlich am Kasus. Die Abstraktheit der Formulierung: Wer oder was? wen oder was? zeigt dies, denn in einem konkreten Satz wird nur ein wer? oder ein was? zu erfragen sein.

Beim MORPHOLOGISCHEN VERFAHREN fragt man nach den grammatischen Kategorien; z. B. ermittelt man durch Kasusfragen Subjekte, Objekte und gegebenenfalls Genitivattribute[15].

15 Das klappt nicht immer. Im Nominativ stehen auch Prädikative, im Akkusativ auch adverbielle Bestimmungen und der sogenannte Gleichsetzungsakkusativ, im Genitiv auch das Genitivattribut, s. 4.3.4 und 4.3.6.

Morphologische Frage	Satzfunktionen
Was steht im Nominativ?	Subjekt
Was steht (ohne Präposition) im Akkusativ?	Akkusativobjekt
Was steht (ohne Präposition) im Dativ?	Dativobjekt
Was steht (ohne Präposition) im Genitiv?	Genitivattribut
Welches ist das finite Verb/welche sind die Verben?	Prädikat

AUFGABE 4.9: Mit der morphologischen Vorgehensweise erhält man ein anderes Prädikat als mit dem analytischen Verfahren. Ermitteln Sie das „enge" Prädikat" und das „weite" Prädikat mit den beiden Verfahren am folgenden Beispielsatz: *Der Krankenpfleger brachte den Junge eilig in den Operationssaal.*

AUFGABE 4.10: Bestimmen Sie mithilfe des morphologischen Verfahrens die Satzfunktionen des Satzes aus der Aufgabe 4.9.

Auch bei dem morphologischen Vorgehen kann es Schwierigkeiten geben, vgl. *Er narkotisiert den Patienten. – Er narkotisiert den ganzen Tag.* Im morphologischen Verfahren kann man die präpositionellen und die adverbiellen Satzglieder eigentlich nicht erfassen.

Bei der Bestimmung der Satzfunktionen werden wir alle drei Verfahren anwenden. Aus ihrer Kombination werden die Satzfunktionen einerseits begrifflich gesicherter, andererseits werden die Grenzfälle deutlich. Man findet in verschiedenen Grammatiken verschiedene Einordnungen, besonders im Bereich der Präpositionalobjekte und adverbiellen Bestimmungen, weil hier die drei Verfahren entweder verschieden gewichtet werden oder nur eines verwendet wird.

4.3.2 Zur Terminologie

Wie bei den Wortartbegriffen, so gibt es auch bei den Begriffen der Satzfunktionen ein nicht unbeträchtliches Durcheinander in den Definitionen und im Gebrauch. Auch hier läßt sich der terminologische Wirrwarr durch verschiedene Benennungen im Rahmen unterschiedlicher Theorien erklären.

So wurden die heute als traditionell geltenden Begriffe zu ganz unterschiedlichen Zeiten in die logische und sprachwissenschaftliche Diskussion eingeführt. Die Begriffsinhalte für das Subjekt und das Prädikat kommen von Aristoteles her, der sie als logische Begriffe aus der Sprache herausgefiltert hat. Lateinische Grammatiken der Spätantike haben diese Begriffsnamen latinisiert. Die Bezeichnungen Objekt, Copula und Attribut werden in der Scholastik eingeführt, und zwar in philosophischen und theologischen Zusammenhängen. So war z. B. das Objekt Bezeichnung für denjenigen, auf den Gottes Handlung gerichtet war; man unterscheidet bei *amor dei (die Liebe Gottes)* zwischen dem genitivus subjectivus, also *die Liebe Gottes (zu den Menschen),* und dem genitivus objectivus *(die Liebe zu Gott).* In einer solchen Vermischung von logischem und semantischem Begriffsinhalt wurden die Begriffe bis ins 19. Jahrhundert verwendet. Dabei wurde zwischen Wortarten und Satzfunktionen selten genau unterschieden. Darüber hinaus werden in einzelnen Sprachbeschreibungen und Grammatiken eine Fülle neuer Begriffe eingeführt – und oft wieder vergessen.

Ein Beispiel dafür, daß terminologische Verwirrung nicht erst von den Linguisten des 20. Jahrhunderts erfunden worden ist, bietet die folgende Satznalyse durch Carl Friedrich Splittergarb 1799 (zit. nach Glinz 1947,37f.):

Fritz	*gab*	*dem Knaben*	*des Bettlers,*	*seinem Freunde,*	*ein Stück Brot.*
Grundwort	Beisatz	Zweckwort	Aneignungswort	Beifügung	Zielwort

Die heute gebräuchlichen Begriffe sind von C. F. Becker Mitte des 19. Jahrhunderts eingeführt worden. Er hat sie als logische Begriffe verstanden, aber auf die Sprache bezogen. Seine sprachwissenschaftlichen Kollegen, z. B. Jacob Grimm, haben sie sofort als unbrauchbar, unwissenschaftlich und der Sprache nicht angemessen erklärt. Die Sprachwissenschaft ist bei dieser Ablehnungstradition geblieben. In der Schule und in fast jeder Grammatik werden sie dennoch seither und heute noch verwendet. Becker hat die Begriffe SUBJEKT, PRÄDIKAT (enger Prädikatsbegriff), ATTRIBUT und OBJEKT in den systematischen Zusammenhang gebracht, der auch heute gilt; beim OBJEKT hat er zwischen einem bestimmenden und einem ergänzenden unterschieden. Aus letzterem wurde im Laufe der Zeit die ADVERBIELLE BESTIMMUNG bzw. das ADVERBIAL oder ADVERBIALGLIED. Auch wir werden diese Begriffe zugrundelegen; wir werden sie allerdings syntaktisch definieren und allenfalls semantisch im Hinblick auf eine Satzbedeutung interpretieren. Es kann nicht verschwiegen werden, daß über die intuitiven Aspekte der Definitionsverfahren (s. § 4.3.1) semantische Momente in die syntaktische Definition eingehen. In der Logik werden z. T. die gleichen Begriffe verwendet, aber losgelöst von der natürlichen Sprache in einer künstlichen logischen Sprache.

4.3.3 Subjekt

Das Subjekt läßt sich mit allen drei Verfahren gleichermaßen ermitteln: Es ist nicht weglaßbar (wie auch einige andere Satzglieder); es wird durch die Frage *wer oder was?* gefunden; es steht im Nominativ. Es ist die unproblematischste Satzfunktion. Das zeigt sich auch daran, daß es keinen anderen Terminus als die deutsche Bezeichnung Satzgegenstand neben Subjekt gibt.

In der Dependenzgrammatik gibt es kein Subjekt, und man spricht hier wie bei allen nominalen und adverbiellen Satzgliedern von Ergänzungen. Wenn in Dependenzgrammatiken diese Ergänzungen (im Nominativ) dennoch Subjekt genannt werden, handelt es sich um eine Mischgrammatik; der Begriffsinhalt ist dann allerdings verlorengegangen.

AUFGABE 4.11: Ermitteln Sie im folgenden Textstück, dem Anfang von Kellers „Sinngedicht", die Subjekte (auch in den Gliedsätzen): *Vor etwa fünfundzwanzig Jahren, als die Naturwissenschaften eben wieder auf einem höchsten Gipfel standen, obgleich das Gesetz der natürlichen Zuchtwahl noch nicht bekannt war, öffnete Herr Reinhart eines Tages seine Fensterläden und ließ den Morgenglanz, der hinter den Bergen hervorkam, in sein Arbeitsgemach, und mit dem Frühgolde wehte eine frische Sommermorgenluft daher und bewegte kräftig die schweren Vorhänge und die schattigen Haare des Mannes.*

Als nominales Satzglied kann das Subjekt durch Attribute erweitert sein, wie *das Gesetz* durch *der natürlichen Zuchtwahl* im Kellerschen Text der Aufgabe 4.11. Darüber hinaus kann das Subjekt als Gliedsatz erscheinen. Es ist eine Grundregel der deutschen Syntax, daß in Strukturpositionen nominaler und adverbialer Satzglieder ein Gliedsatz stehen kann, z. B.:

Daß mir das ausgerechnet heute passieren mußte, ist Pech.
Wer anderen eine Grupe gräbt, schwitzt.

In der semantischen Interpretation wird das Subjekt verstanden als Identifikationsgrösse (jemand oder ein Sachverhalt wird erwähnt), als Handlungsträger, Geschehnisträger, Täter, Agens u.ä.m. Das stimmt immer nur bei bestimmten Sätzen, genauer bei Sätzen mit entsprechenden Verben. Die semantische Interpretation als Agens wird wichtig, wenn man den Zusammenhang zwischen aktivischen und passivischen Sätzen erfassen will; vgl. *Der Arzt operiert den Blinddarm heraus.* (Subjekt als Agens) und *Der Blinddarm wird von dem Arzt herausoperiert.* (adverbielle Bestimmung als Agens). Die semantische Interpretation wird problematischer in Sätzen wie *Es kommt die Familie zu Besuch.*, wo man streng genommen zwei Subjekte hat: *es* als „vorläufiges" und *die Familie* als „eigentliches" Subjekt. (Dieses *es* wird deswegen auch „Platzhalter" genannt.) Schließlich läßt sich in Sätzen wie *Es regnet.*, *Es blitzt.* usw. das Subjekt semantisch gar nicht interpretieren.

AUFGABE 4.12: Suchen Sie aus folgenden Sätzen die Subjekte heraus und geben Sie eine semantische Interpretation:
Die Eltern besuchten Stefan im Krankenhaus. Es freut ihn sehr, daß sie ihm ein Auto mitgebracht haben. Plötzlich bricht ein Gewitter herein, und es fängt an zu regnen. Daraufhin wird das Fenster zugemacht.

4.3.4 Prädikat

Das PRÄDIKAT (SATZAUSSAGE) ist als Begriffsname ebenfalls nicht umstritten, aber es gibt verschiedene Begriffsinhalte. Das hängt mit einer unterschiedlichen Anwendung und Bewertung der verschiedenen oben genannten Verfahren zusammen. Folgende Definitionen findet man:

(1) Man findet das Prädikat mithilfe der analytischen Frage: Was ist es, das getan wird/ geschieht?

(2) Man findet das Prädikat nach dem morphologischen Verfahren: Das Prädikat ist das verbale Satzglied.

AUFGABE 4.13: (a) Wenden Sie die beiden Verfahren und damit Definitionen auf das Textstück der Aufgabe 4.11 an. (b) In welchem Fall spricht man von einem weiten, in welchem von einem engen Prädikatsbegriff?

Beim weiten Prädikatsbegriff legt man eine Zweigliedrigkeit des Satzes zugrunde; dies entspricht der Aufteilung des Satzes auf der ersten Stufe (vgl. Kastenschema S. 56). Man kann auch versuchen, dieses undifferenzierte weite Prädikat mithilfe der „Infinitivprobe" zu ermitteln (operationales Verfahren). Dabei setzt man in einem Satz das finite Verb in den Infinitiv und ordnet ihm die anderen Satzglieder zu; das Subjekt wird sich nicht zuordnen lassen, d. h., alles, was zum Verb gehört, gehört im Satz zum Prädikat:

Beispiel: *Die Blitze zogen grell über den dunklen Himmel.*
Infinitiv: *ziehen*
Zuordnung: *grell über den dunklen Himmel ziehen* (= Prädikat)
Rest: *die Blitze* (= Subjekt)

ANREGUNG: Die Infinitivprobe wird bei komplexen Sätzen schwierig. Versuchen Sie, die Infinitivprobe auf das Textstück der Aufgabe 4.11 anzuwenden (S. 72).

Wendet man zusätzlich zur analytischen Frage bzw. zur Infinitivprobe die Weglaßprobe an, dann wird man feststellen, daß ein weiter Prädikatsbegriff unscharf wird. Ein weites Prädikat enthält mehrere Satzglieder: verbale sowie nominale und eventuell auch adverbielle Satzglieder. Einige können weggelassen werden, andere müssen stehen. Auch hier sind die Kriterien unscharf:

- Manche können prinzipiell weggelassen werden; z. B. bei: *Der Donner grollte (schon aus der Ferne).*
- Einige können nur aus Stellungsgründen nicht weggelassen werden, z. B. *Im Krankenzimmer verabschieden sich die Eltern;* aber *Die Eltern verabschieden sich (im Krankenzimmer).*
- Einige können dann weggelassen werden, wenn aus dem Zusammenhang (dem sprachlich kommunikativen, dem situativen oder dem kulturellen) klar ist, wen die Sache betrifft; vgl. (1) *Großvater hat Geburtstag. Klein-Carsten wünscht ihm ein langes Leben.* (2) *Großvarter niest. Klein-Carsten wünscht (ihm) Gesundheit.*

Man findet auch Prädikatsdefinitionen, die das verbale Satzglied und die ihm zugeordneten, nicht weglaßbaren Satzglieder umfassen. Für den ganzen weiten Prädikatsbegriff spricht, daß man die Zweigliedrigkeit des Satzes in der allerersten Analysestufe erfassen kann, sofern nicht am Satzanfang eine adverbielle Bestimmung steht. Das bedeutet, daß man Prädikate immer als komplementär zum Subjekt gewinnen kann (Satz minus Subjekt = Prädikat). Für den weniger weiten Prädikatsbegriff spricht, daß durch das Kriterium der Nicht-Weglaßbarkeit die enge Beziehung zwischen Verb und Objekten erfaßt wird, die sich auch in den Kasus der Objekte ausdrückt. Bei diesen beiden weiten Prädikatsbegriffen benötigt man einen funktionalen Begriff für das in ihnen dominierende verbale Satzglied; man nennt es PRÄDIKATSKERN. Dieser Prädikatskern entspricht dem engen Prädikat.

Wir stellen das jetzt in Form von Stammbäumen dar:
(1) ganz weiter Prädikatsbegriff

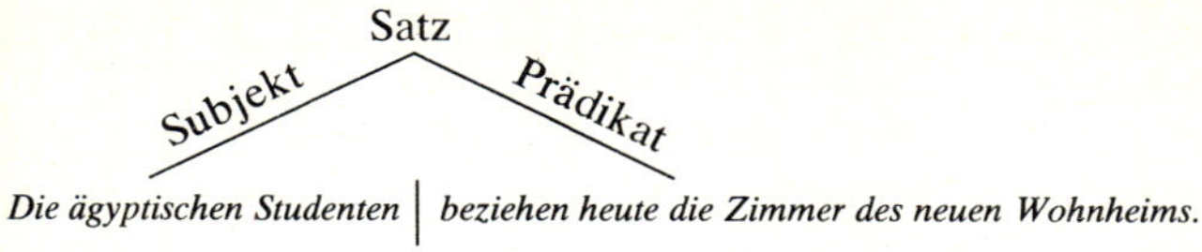

Wenn man hier weiter aufgliedert, erhält man folgenden Stammbaum:

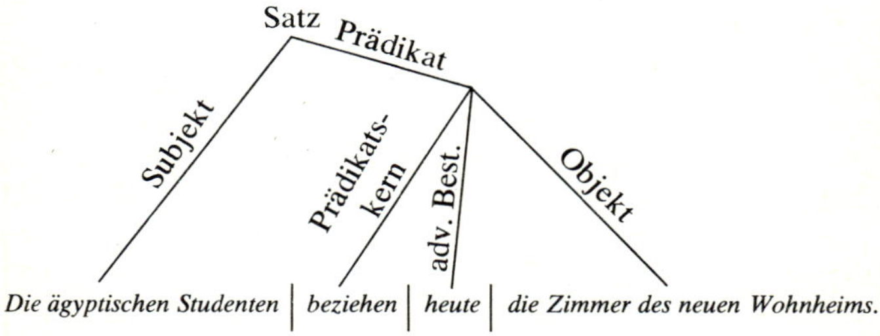

(2) Der etwas weniger weite Prädikatsbegriff läßt sich graphisch nur darstellen, wenn man sich kreuzende Linien (Kanten) zuläßt, oder wenn man den Satz umformt.
(3) Der enge Prädikatsbegriff

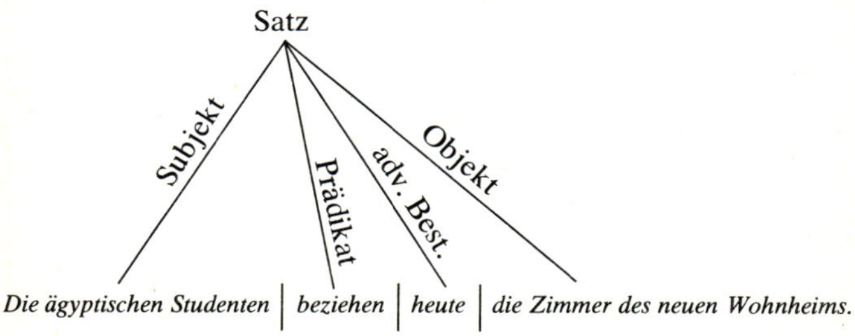

Semantisch wird das enge Prädikat wie folgt interpretiert: Es drückt die HANDLUNG, das GESCHEHEN aus. Semantisch wird das weite Prädikat allenfalls insofern interpretiert, als man sagt: Über das im Subjekt genannte (Identifikationsgröße) wird im Prädikat etwas AUSGESAGT. Diese semantische Interpretation wird insbesondere für Sätze wie *Das Krankenhaus ist ein riesiger Komplex.* gemacht. Es handelt sich um eine Form des Prädikats, für die es wiederum mehrere Bezeichnungen gibt.

Man spricht vom Verb als der Kopula und vom Rest als dem Prädikatsnomen (manchmal spezifiziert als Prädikatsadjektiv und Prädikatsadverb). Man spricht ebenfalls von der *ist*-Prädikation mit Pädikatskern und Prädikativ:

Das Krankenhaus *ist* *ein riesiger Komplex.*

AUFGABE 4.14: Suchen Sie aus dem Anfang des Märchens „Die sieben Raben" die Prädikate heraus (weiter Prädikatsbegriff); kennzeichnen Sie den Prädikatskern und gegebenenfalls Prädikativ:

Ein Mann hatte sieben Söhne und immer noch kein Töchterchen, so sehr er sich's auch wünschte. Endlich ward ihm auch ein Mädchen geschenkt. Die Freude war groß, aber das Kind war schmächtig und klein und sollte deshalb die Nottaufe bekommen. Der Vater schickte einen der Knaben eilends zur Quelle, damit er Taufwasser hole. Die andern sechs liefen mit, und weil jeder der erste beim Brunnen sein wollte, fiel ihnen der Krug in den Brunnen.

4.3.5 Objekt

Die Bezeichnung Objekt ist für die nominalen Satzglieder im (weiten) Prädikat üblich. In der Dependenzgrammatik wird hier allerdings ebenfalls von Ergänzungen gesprochen, so auch in der Darstellung von Becker. Bei den Objekten gibt es Probleme mit der Weglaßbarkeit sowie mit der Abgrenzung zur adverbiellen Bestimmung. Wir behandeln zunächst die weniger problematischen Fälle.

Mit den analytischen Fragen nach den morphologischen Kennzeichen (Fragen nach Kasus laufen parallel) kann man die fallbestimmten Objekte ermitteln:

analytische Frage	morphologisches Kennzeichen	Satzfunktion
wen oder was?	Akkusativ	Akkusativobjekt
wem?	Dativ	Dativobjekt
wessen?	Genitiv	Genitivobjekt

AUFGABE 4.15: Suchen Sie aus dem Anfang des Textstückes der Aufgabe 4.14 die fallbestimmten Objekte heraus.

Bei den fallbestimmten Objekten würde das morphologische Verfahren allein auch in folgenden Sätzen Objekte klassifizieren: *Er ißt den ganzen Tag. Er fuhr des Nachts nach Hause.* Die analytischen Fragen lassen hier allerdings nur adverbielle Fragetypen zu, z. B. *wie lange?* und *wann?*. Genitivobjekte gibt es ohnedies nur noch bei wenigen Verben, z. B. *sich erinnern* und *gedenken.*

Das Kriterium der Weglaßbarkeit bringt hier Schwierigkeiten; aus zwei Gründen:

1. Wie oben erwähnt, können aus verschiedenerlei Gründen Objekte manchmal entfallen. Das trifft besonders auf das Dativobjekt zu, z. B. *Er kauft (ihr) Blumen.*

2. Viele Verben sind im Sinne der Valenz mehrdeutig, d. h. sie können mit oder Objekt erscheinen, eventuell mit leichten Bedeutungsunterschieden; z. B. *Er singt die Lieder. Er singt.* (er ist nämlich Sänger); *Er singt.* (Dektivjargon: *Er macht Aussagen vor Gericht oder Polizei.)*

Zu den Objekten zählt man weiterhin die präpositionalen Objekte. Analytisch kann man sie mit Fragen vom Typ Präposition + *wen/ wem/ was?* erfragen.

AUFGABE 4.16: (a) Suchen Sie im folgenden Text die präpositionalen Objekte heraus (Achtung! Fragen wie *worauf/ worüber/ wohin?* u. a. identifizieren adverbielle Bestimmungen. Außerdem sind die Grenzübergänge fließend): *Am zentralen Omnibusbahnhof warten die Kommilitionen auf den Bus. Einer bittet um Feuer für seine Zigarette. Mit dem ersten Angesprochenen hat er kein Glück. Erst beim dritten bekommt er Feuer. Rauchen ist nicht mehr in.*
(b) Weglaßprobe: Können einige Präpositionalobjekte weggelassen werden?

Semantisch werden die Objekte wie folgt interpretiert: Das AKKUSATIVOBJEKT wird DIREKTES OBJEKT genannt, weil die Handlung bzw. das

Geschehen es direkt betrifft. Das Dativobjekt wird auch indirektes Objekt genannt, weil die Handlung oder das Geschehen sich weniger direkt auf es beziehen. Bei präpositionalen Objekten wird die Unterscheidung zur adverbiellen Bestimmung semantisch getroffen: Objekte beziehen sich auf Personen oder Sachen, adverbielle Bestimmungen auf Ort und Raum, Zeit und Dauer, Art und Weise.

4.3.6 Adverbielle Bestimmung

Der Funktionsname adverbielle Bestimmung ist von der Wortart Adverb hergeleitet. Der Terminus scheint auszudrücken, daß mit Adverbien Verben näher bestimmt werden. Wir werden sehen, daß dies nur in einigen Fällen zutrifft. Man findet auch den Namen Adverbial(glied), der aber ebenfalls als Kategorialbezeichnung verwendet wird. In deutscher Terminologie spricht man von Umstandsbestimmung und in Dependenzgrammatiken auch hier – wie beim Subjekt und bei Objekten – von Ergänzungen. Man spricht darüber hinaus von (freien) Angaben.

Der große Reichtum an Erscheinungsformen adverbieller Bestimmungen läßt sich doppelt erklären:

(1) Semantisch werden Raumangaben (Ort und Richtung), Zeitangaben (Zeitpunkt und Dauer) sowie Modalangaben (Art und Weise) und Kausalangaben (Grund) als nähere Bestimmung in dieser Klasse zusammengefaßt.

(2) Syntaktisch wird alles, was nicht Subjekt, Prädikatskern, Objekt oder zum Subjekt oder Objekt gehörendes Attribut ist, als adverbielle Bestimmung erfaßt.

Wie die Wortart Adverb wird somit die Funktion adverbielle Bestimmung als „Restklasse" behandelt.

Wir werden feststellen, daß die Vielfalt der adverbiellen Bestimmungen sich mit keinem der bisher verwendeten Verfahren ganz ermitteln läßt.

Weglassbarkeit

In manchen Grammatiken wird die Adverbielle Bestimmung als freie Angabe gesehen und mithilfe der Weglassprobe (Abstrichprobe) ermittelt.

AUFGABE 4.17: Ermitteln Sie mithilfe der Abstrichprobe, welche Satzglieder adverbielle Bestimmungen sein können: *(1) Das Manuskript ist endlich gesetzt worden. (2) Der Setzer hat die ganze Nacht gearbeitet. (3) Nachher bringen wir ihm eine Flasche Wein.*

Die Abstrichprobe dürfte folgende Ergebnisse haben: Im Satz (1) kann *endlich* wegfallen; im Satz (2) kann *die ganze Nacht* eigentlich nicht wegfallen, nur Grammatiker würden Sätze wie *Der Setzer hat gearbeitet.* bilden; im Satz (3) kann *nachher* nur entfallen, wenn man den Satz umstellt zu *Wir bringen ihm eine Flasche Wein.*

Fazit: Die Abstrichprobe ist nicht sehr geeignet, adverbielle Bestimmungen zu ermitteln.

Analytische Fragen

Die analytischen Fragen greifen die semantische Dimension der adverbiellen Bestimmungen auf.
Raumdimension: *wo/ wohin/ worauf/ wie weit?* usw.
Modalangaben: *wie/ womit/ wodurch?* usw.
Kausalangaben: *warum/ weshalb/ wieso?* usw.

AUFGABE 4.18: (a) Ermitteln Sie mithilfe der analytischen Fragen die adverbiellen Bestimmungen in dem folgenden Text, dem Anfang von Keller's „Sinngedicht". (b) Gruppieren Sie diese nach semantischen Klassen.

Vor etwa fünfundzwanzig Jahren, als die Naturwissenschaften eben wieder auf einem höchsten Gipfel standen, obgleich das Gesetz der natürlichen Zuchtwahl noch nicht bekannt war, öffnete Herr Reinhart eines Tages seine Fensterläden und ließ den Morgenglanz, der hinter den Bergen hervorkam, in sein Arbeitsgemach, und mit dem Frühgolde wehte eine frische Sommermorgenluft daher und bewegte kräftig die schweren Vorhänge und die schattigen Haare des Mannes.

Bei den analytischen Fragen gibt es Abgrenzungsschwierigkeiten zu den Objekten, besonders zu den präpositionalen. Das hängt damit zusammen, daß es eine ganze Reihe von Verben mit Präposition gibt, die nominale Satzglieder fordern, z. B. *bitten um, warten auf, sich erinnern an.* Wenn diese nominalen Satzglieder Personen bezeichnen, kann eindeutig die Frage Präposition + *wem* oder *wen* gestellt werde; man hat dann eindeutig ein präpositionales Objekt. Wenn es sich jedoch um nicht-personale Größen handelt, kann man entweder Präposition + *was* fragen oder aber ein Fragewort vom Typ woran oder worüber. Beispiele:

Beispielsatz	Frage	Satz-funktion
Der Torwart achtet auf den gegnerischen Stürmer.	*auf wen?*	Objekt
Der Stürmer achtet auf den Ball.	*worauf?*	adv. Best.
Der Torwart spricht mit dem Schiedsrichter.	*mit wem?*	Objekt
Der Torwart spricht mit Händen und Füßen.	*womit?*	adv. Best.
	mit was?	Objekt

Fazit: Die analytischen Fragen werden durch die Bedeutungen gesteuert; sie zeigen hier nur auf, daß es zwischen Objekten und adverbiellen Bestimmungen Grenzübergänge gibt. Für das Verständnis solcher Sätze ist es gleichgültig, ob man solche präpositionalen Satzglieder als adverbielle Bestimmungen oder als Objekte einstuft. Der Grammatiker muß seine Entscheidung begründen und dafür sorgen, daß er alle Fälle behandelt.

ERSCHEINUNGSFORMEN

Wenn man mithilfe des morphologischen Verfahrens Formen adverbieller Bestimmungen ermitteln will, muß man feststellen, daß eine große Vielfalt an Erscheinungsformen vorliegt. Dabei bietet die Form allein nie Gewähr, daß die Funktion adverbielle Bestimmung gegeben ist, nicht einmal, wenn man eindeutig ein Adverb hat, vgl. *Hier bin ich Mensch, hier darf ich sein.* (*hier* als Adverb und adverbielle Bestimmung) und *Dieser Mensch hier geht mir auf die Nerven.* (*hier* als Adverb und Attribut zu *dieser Mensch*). Die Vielfalt der Erscheinungsformen zeigen folgende Beispielsätze:

Abends	*trank er ein Glas Wein*	(Adverb)
Allabendlich		(Adjektiv)
Gestern abend		(zwei Adverbien)
Am Abend		(Präpositionalglied)
Des Abends		(Nominalgl. im Gen.)
Jeden Abend		(Nominalgl. im Akk.)
Als es Abend wurde,		(Gliedsatz)
Am Abend heimgekommen,		(Gliedsatz)
Am Abend heimgekommen,		(Partizipialglied)
Als er abends heimgekommen war,		(Gliedsatz)

Aufgabe 4.19: Bilden Sie selbst Beispielsätze, indem Sie in einem anderen Beispielsatz verschiedene adverbielle Bestimmungen einsetzen.

Bezugsbereich
Der Funktionsname adverbielle Bestimmung drückt zunächst nur aus, daß etwas näher bestimmt wird, und legt nahe, daß es das Verb ist. Was wird nun wirklich näher bestimmt? Die Frage ist nicht einfach zu beantworten. Es hängt ab von der Wortstellung, von der Bedeutung und davon, welche Strukturposition im Satzmuster eine adverbielle Bestimmung einnimmt; vgl.
(1) *Der Ober trägt die Suppe schnell herein. (Wie trägt er die Suppe herein?* – Funktion: adverbielle Bestimmung im Prädikat).
(2) *Er trägt die Suppe heiß herein. (Wie ist die Suppe?* – Funktion: keine adverbielle Bestimmung, sondern Prädikativ, vgl. *Er trägt die Suppe herein. – Die Suppe ist heiß.)*
(3) *Erhitzt trägt er die Suppe herein.* (Der Satz ist kontextfrei doppeldeutig, entweder ist die Suppe erhitzt, oder aber der Ober ist vom vielen Hin- und Herlaufen erhitzt; vgl. *Lächelnd trägt er die Suppe herein.*)

AUFGABE 4.20: (a) Welche adverbiellen Bestimmungen kommen in dem Anfang von Kafkas „Das Schloß" vor? (b) Geben Sie an, worauf sich diese adverbiellen Bestimmungen beziehen.

Es war spät abends, als K. ankam. Das Dorf lag in tiefem Schnee. Vom Schloßberg war nichts zu sehen, Nebel und Finsternis umgaben ihn, auch nicht der schwächste Lichtschein deutete das große Schloß an. Lange stand K. auf der Holzbrücke, die von der Landstraße zum Dorf führte, und blickte in die scheinbare Leere empor.

4.3.7 Attribut

Die Funktion Attribut, deutsch Beifügung, bedeutet Hinzufügung. Unsere Strukturanalyse S. 58 hat gezeigt, daß Attribute in der Tat nominalen Satzgliedern untergeordnet sind, weil sie auf einer späteren Stufe der Analyse ausgegliedert werden. Strukturell sprechen wir deshalb von einer Einbettung in die übergeordnete Struktur. In der Oberflächenform des Satzes finden wir drei Grundtypen von Attributen:
- das eingebettete Attribut, z. B. *der schöne, grüne Jungfernkranz*
- das vorangestellte Attribut, z. B. *schöner, grüner Jungfernkranz*
- das nachgestellte Attribut, z. B. *ein Jungfernkranz, ein schöner, grüner*

Von den drei Verfahren zur Ermittlung der Satzfunktion bringt die Weglaßprobe ein eindeutiges Ergebnis: Alle Attribute sind syntaktisch gesehen weglaßbar; aber das trifft auch auf eine Reihe adverbieller Bestimmungen und auf einige Objekte zu. Die beiden anderen Verfahren – analytische Frage und morphologisches Kennzeichen – sind bei Attributen unergiebig, weil es eine große Vielfalt von Erscheinungsformen gibt. Die analytischen Fragen müssen jeweils auf die morphologischen Verhältnisse abgestimmt sein. Beispiel: *Das kaiserliche Gewürzgärtlein Karls des Großen vor dem Dom zu Aachen wird heute noch gepflegt.*

Analytische Frage	Erscheinungsform
was für ein Gewürzgärtlein?	*das kaiserliche*
wessen Gewürzgärtlein?	*Karls des Großen*
welches Karls?	*des Großen*
welcher Dom?	*zu Aachen*

Die Ortsbestimmung *vor dem Dom zu Aachen* bekommt man durch analytische Fragen überhaupt nicht heraus; sie ist auch nur durch die Stellung als Attribut zu erkennen und wäre bei anderer Stellung adverbielle Bestimmung, vgl. *Vor dem Dom zu Aachen wird heute noch der kaiserliche Gewürzgärtlein Karls des Großen gepflegt.*

Man kann häufig von der einen in die andere Erscheinungsform umformen und damit stilistische Wirkungen und auch größere oder geringere Verständlichkeit errreichen, vgl.:
. . . *die zerstreute, im Zimmer hin- und herlaufende, ihre Brille suchende Tante* und
. . . *die zerstreute Tante, die ihre Brille sucht und im Zimmer hin- und herläuft.*

Wir geben im folgenden Beispiele für die Erscheinungsvielfalt gruppiert nach der Wortstellung: Das eingebettete und das vorangestellte Attribut stehen beide vor dem Bezugsnomen. Vom eingebetteten Attribut spricht man, wenn ein Artikel oder ein Pronomen vorangeht. Vom vorangestellten Attribut spricht man, wenn kein Artikel oder Pronomen vorangeht. Beispiele für vorangestellte und eingebettete Attribute:

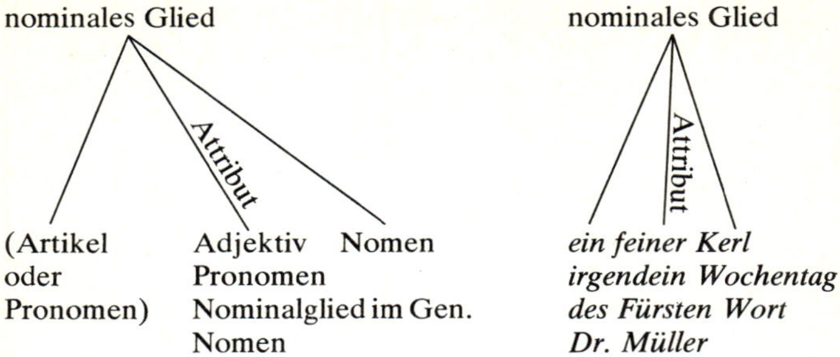

Einige nachgestellte Attribute werden auch Apposition (Beistellung) genannt, z. B. *Karl der Große; Bonn, die Hauptstadt der BRD.* Beispiele für nachgestellte Attribute:

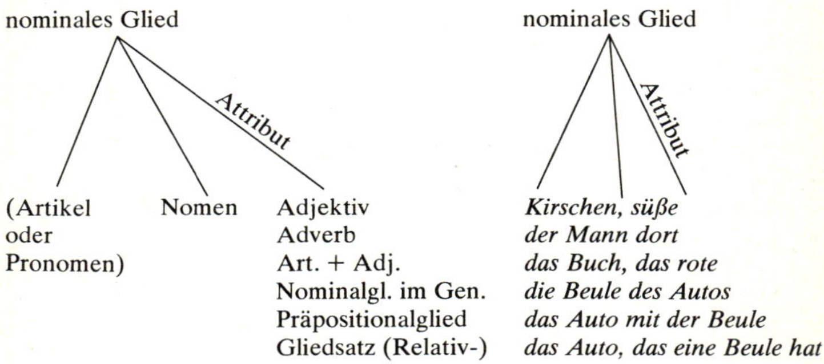

Aufgabe 4.21: Ordnen Sie folgende Beispiele mit Attributen den in den Stammbäumen vorgegebenen Erscheinungsformen zu: *dunkelroter Wein aus Bordeaux; ein Faß Wein, der auf Flaschen gezogen werden soll. Die Probe, wieviel wir trinken konnten, verhalf uns zu einem feuchtfröhlichen Abend in lustiger Runde.*

Bei den Attributen gibt es nicht nur einen großen Reichtum der Erscheinungsformen und der Satzpositionen, sondern auch der semantischen Beziehungen. Man unterscheidet z. B. bei Genitivattributen zwischen genitivus subjectivus, z. B. *das Singen der Weintrinker*, und genitivus possesivus, z. B. *der Wein des Stattweingutes*, u.a.m. Man konsultiere für das Nähere einschlägige Grammatiken.

AUFGABE 4.22 als zusammenfassende Übungsaufgabe für das Kap. 4: (a) Segmentieren Sie das folgende Textstück (aus ADAC-Motorwelt 5/77) in Satzglieder. (b) Geben Sie die kategoriellen Bezeichnungen dieser Satzglieder an. (c) Geben Sie die funktionalen Bezeichnungen an.

Spätestens beim dritten Regenguß bedauern viele Käufer von Schrägheck- und Kombi-Limousinen, an der falschen Stelle gespart zu haben.

5. Kongruenz und grammatische Kategorien

Wir haben gesehen, daß die Elemente in Sätzen in verschiedener Weise und in hierarchischer Ordnung zusammengehören. Die Zusammengehörigkeit wird auf zweierlei Weise ausgedrückt: durch die Stellung der Wörter und Satzglieder und durch morphologische Mittel, vor allem durch Flexionsendungen, mit denen zusammengehörende Teile markiert werden. Anders herum gesagt: Die Teile, die zusammengehören, stimmen in einigen morphologischen Angaben überein. Man spricht deshalb hier auch vom Prinzip der KONGRUENZ (lat. congruentia = übereinstimmen). Die Mittel, mit denen Kongruenzen ausgedrückt werden, zeigen jedoch nicht nur Zusammengehörigkeiten an, sondern sie fügen etwas hinzu, z. B. Angaben über Mengen, Geschlecht, Zeit, Wirklichkeit; die grammatischen Morpheme haben also z. T. semantische und z. T. syntaktische Funktion. Man spricht hier von den GRAMMATISCHEN KATEGORIEN, weil sie im grammatischen System der jeweiligen Sprache fest verankert sind. Da diese grammatischen Kategorien einerseits durch Flexionsendungen, durch Präfixe, durch Ab- und Umlaut ausgedrückt sind, und da sie andererseits syntaktische Zusammenhänge anzeigen und stiften, spricht man hier auch von der MORPHOSYNTAX der Sprache.

Wir werden im folgenden die Kategorien einführen und sie dann unter Kongruenzgesichtspunkten, also in ihrer syntaktischen Funktion, betrachten, nicht jedoch unter morphologischen Gesichtspunkten, denn das ist Aufgabe einer Wortlehre.

5.1 *Überblick über die grammatischen Kategorien*

Folgende grammatische Kategorien wirken sich auf die Kongruenzen aus:

GENUS (GRAMMATISCHES GESCHLECHT): Das Genus wirkt im nominalen Bereich und teilt nominale Gruppen in drei Klassen, die traditionell MASKULINUM, FEMINUM und NEUTRUM genannt werden. Die Bezeichnung Genus sowie die Untergruppen weisen auf einen Zusammenhang zwischen Wortbedeutung und dem natürlichen Geschlecht der benannten Lebewesen, Gegenstände, usw. hin. In der Sprachgeschichte ist der Zusammenhang zwischen grammatischen und natürlichem Geschlecht wohl einmal eindeutig gewesen. Heute gibt es nur bei Personen einigermaßen Übereinstimmung; aber auch da kommt es zu Ungereimtheiten, vgl. *das Fräulein, die Ordonanz, das Mädchen* und *Der Bundesminister für Jugend, Familie und Gesundheit, Frau Antje Huber.*

KASUS (FALL): Der Kasus wirkt ebenfalls im nominalen Bereich und kennzeichnet die syntaktische Funktion nominaler Satzglieder. Im Deutschen gibt es vier Kasus: Der NOMINATIV (Wer-Fall) kennzeichnet das Subjekt bzw. in der *ist*-Prädikation das nominale Prädikativ, z. B. *Unsere Frauen sind Lehrerinnen.* Der AKKUSATIV (Wen-Fall) kennzeichnet das Akkusativobjekt und adverbielle Bestimmungen; er kommt außerdem in präpositionalen Gliedern vor und im sogenannten Gleichsetzungsakkusativ *(Ich kenne ihn als guten Menschen).* Der DATIV (Wem-Fall) kennzeichnet das Dativobjekt und kommt in präpositionalen Gliedern vor; umgangssprachlich wird der Dativ auch statt des Genitivs bei vorangestellten „Genitivattributen" verwendet, vgl. *Dem Mann sein Auto hat man auch mitgehen lassen.* GENITIV (Wes-Fall) kennzeichnen Genitivobjekte (nur noch bei wenigen Verben), das Genitivattribut, adverbielle Bestimmungen und kommt in präpositionalen Gliedern vor.

In anderen Sprachen gibt es andere Kasus, deren Funktion im Deutschen vor allem durch präpositionale Satzglieder wahrgenommen werden, z. B. der ABLATIV und LOKATIV des Lateinischen.

NUMERUS (ZAHL): Der Numerus wirkt im nominalen und im verbalen Bereich. Im Deutschen unterscheidet man SINGULAR (Einzahl) und PLURAL (Mehrzahl).

Einige Probleme gibt es bei solchen Nomen, die eine Vielheit ausdrücken, aber im Singular stehen und gar keinen Plural haben, wie z. B. *Getreide, Mehl, Butter* u. a. Man nennt sie auch singulare tantum. Man bildet hier Hilfsplurale durch Hinzufügung von *-sorten, -gruppen* u.ä.m. Entsprechend gibt es einige wenige Substantive, die nur im Plural stehen (plurale tantum), z. B. *(die) Ferien, (die) Eltern, (die) Spesen, (die) Personalien, (die) Pocken.*

PERSON wirkt im pronominalen und im verbalen Bereich. Nach den kommunikativen Rollen wird, jeweils im Singular und Plural, zwischen der ersten Person (Sprecher/Schreiber), der zweiten Person (Angesprochener) und der dritten Person (Besprochener/Besprochenem) unterschieden.

TEMPUS (ZEITSTUFE) wirkt im verbalen und im adverbiellen Bereich sowie bei Konjunktionen. Das Tempus darf nicht verwechselt werden mit realer Zeit. Man unterscheidet im verbalen Bereich die Tempusformen: PRÄSENS, PRÄTERITUM, PERFEKT, PLUSQUAMPERFEKT und FUTUR (I–II).

Die Tempusformen haben sehr unterschiedliche Zeitverweise. Präsens z. B. kann auf reale Gegenwart verweisen *(Ich lese ein Buch.)*, aber ebenfalls auf Zukunft *(Morgen fahre ich nach Köln.)*, auf Vergangenheit *(Goethe stirbt im Jahre 1832.)* sowie auf Zeitlosigkeit *(Die Winkelsumme im Dreieck beträgt 180°.)* Ähnliches im Hinblick auf Zeitreferenz gilt auch für die anderen Tempusformen.

MODUS (MODALITÄT) wirkt im verbalen und im adverbiellen Bereich sowie bei den Konjunktionen. Bei den Verben betrifft der Modus Aussagen über die Wirklichkeit (INDIKATIV), die Möglichkeit, Wünschbarkeit sowie bei indirekter Rede den Zitiermodus (KONJUNKTIV I), Nicht-Wirklichkeit (KONJUNKTIV II), Wunsch und Befehl (IMPERATIV) sowie Umstände des Geschehens, wie sie durch die verschiedenen MODALVERBEN *(können, sollen,* usw.) ausgedrückt werden. Im Bereich der KONJUNKTIONEN werden ebenfalls solche modale Einschränkungen ausgedrückt. Beim Modus gibt es im grammatischen Sinne keine Kongruenzen (keine notwendigen Übereinstimmungen). Durch das Zusammenspiel von Konjunktionen, adverbiellen Bestimmungen und Verbformen werden Bedeutungsvarianten ausgedrückt. Wir werden auf den Modus in der Behandlung der Kongruenzen deswegen nicht eingehen.

AKTIV und PASSIV (die sogenannten genera verbi) sind im verbalen Bereich grammatische Kategorien. Diese Kategorie bestimmt die Form des ganzen Satzes, sie spielt unter Kongruenzgesichtspunkten keine Rolle.

5.2 *Genuskongruenz*

Die Genuskongruenz wird vom Nomen her bestimmt. Genuskongruenzen gibt es in zwei Bereichen: (1) im nominalen Satzglied, (2) bei den pronominalen Textverknüpfungen und (3) zwischen Subjekt und Prädikativ.

Zu (1): Artikel, attributiv stehende Adjektiv und Pronomen innerhalb eines nominalen Satzgliedes deklinieren genus-kongruent zum Bezugsnomen; es heißt *der frische Morgen, die frische Milch, das frische Brötchen, ein früher Morgen.* Eine solche Kongruenz liegt auch vor bei nominalisierten Adjektiven vom Typ *Katharina die Große, Karl der Kahle.*

Zu (2) Pronomen stehen im gleichen Genus wie das Nomen, auf das sie verweisen. Bei Diskrepanzen zwischen dem grammatischen Geschlecht und dem natürlichen Geschlecht von Personen kann von der grammatischen Kongruenz zugunsten des natürlichen Geschlechts abgewichen werden. Es finden sich folgende Regularitäten:

(a) Bei Relativpronomen liegt immer grammatische Kongruenz vor.

(b) Bei anderen Pronomen ist zu differenzieren:

- Wenn sie in der Nähe des Bezugsnomens stehen (d. h. im gleichen Satz), ist auch meist grammatische Kongruenz vorhanden, vor allem in geschriebener Sprache.
- In mündlicher Rede und wenn Pronomen in schriftlichen Texten weiter wegstehen, gibt es einen Übergang zur Kongruenz mit dem natürlichen Geschlecht. Hier wird also nach referenzsemantischen Gesichtspunkten vorgegangen; man spricht auch von einer CONSTRUCTIO AD SENSUM (Konstruktion dem Sinne nach).

Aufgabe 5.1: Suchen Sie aus dem Anfang des Grimm'schen Märchens „Der Froschkönig oder der eiserne Heinrich“ die Kongruenzen heraus. Gibt es hier auch constructio ad sensum?

In den alten Zeiten, wo das Wünschen noch geholfen hat, lebte ein König, dessen Töchter waren alle schön, aber die jüngste war so schön, daß die Sonne selber, die doch so vieles gesehen hat, sich verwunderte, so oft sie ihr ins Gesicht schien. Nahe bei dem Schlosse des Königs lag ein großer dunkler Wald, und in dem Walde unter einer alten Linde war ein Brunnen: wenn nun der Tag recht heiß war, so ging das Königskind hinaus in den Wald und setzte sich an den Rand des kühlen Brunnens: und wenn sie Langeweile hatte, so nahm sie eine goldene Kugel, warf sie in die Höhe und fing sie wieder; und das war ihr liebstes Spielwerk.

(c) Beim Prädikativ (*ist*-Prädikation) wird bei nominalisierten Adjektiven grammatische Kongruenz oder constructio ad sensum vorgefunden.

AUFGABE 5.2: Geben Sie Gründe an für die verschiedenen Kongruenzen in folgenden Sätzen:

(1) *Das Fräulein mit den Sommersprossen ist das Schönste.*

(2) *Fräulein Ingrid ist die Schönste.*
(3) *Das Fräulein Firscher ist die Schönste.*
(5) *Herr Fischer ist der Größte.*

Im Libretto zum Rosenkavalier wählt Hugo von Hoffmannsthal einen anderen Ausweg, indem er die Marschallin *die Fräulein* (Singular) sagen läßt.

Zu (3): Beim Nomen im Prädikativ kann man drei Gruppen unterscheiden:

(a) Wenn die Wortbildung es zuläßt, kann natürliches und grammatisches Geschlecht zusammenfallen: *er ist Lehrer, sie ist Lehrerin.*
(b) Wenn keine Wortbildungsmittel vorhanden sind, besteht eventuell Diskrepanz, vgl. *Er ist ein Plappermaul, sie ist auch ein Plappermaul. – Er ist eine gute Hebamme.*
(c) Selbst wenn ein Wortbildungsmittel zur Verfügung steht, gibt es festen Gebrauch, der manchmal Kongruenz und manchmal keine enthält, vgl. *Er ist Mediziner, sie ist Medizinerin. – Er ist Doktor, sie ist auch Doktor. – Er ist Linguist, sie ist auch Linguist.* So gibt es *Auch sie ist eine gute Fahrerin.* und *Sie ist ein guter Fahrer.* so auch *die Stadt als Eigentümer* und *die Stadt als Eigentümerin.*

5.3 *Kasuskongruenz*

Der *Kasus* kennzeichnet die grammatische Funktion eines nominalen Satzgliedes. Diese Kategorie ist von der Satzstruktur hergeleitet, nicht von einem Bezugsnomen; die Kongruenz besteht also zwischen Artikeln, Pronomen, attributiven Adjektiven und Nomen. Bei anderen Attributen gibt es Differenzierungen: Genitivattribute stehen immer im Genitiv. Appositionen stehen dann, wenn sie von einem Artikel oder Pronomen eingeleitet werden, im kongruenten Kasus, sonst im Nominativ, vgl. *die Meinung des Redners, des langjährigen Mitglieds unseres Clubs; die Meinung des Redners, (langjähriges) Mitglied unseres Clubs;* nicht **die Meinung des Redners, langjährigen Mitglieds unseres Clubs.*

5.4 *Numeruskongruenz*

NUMERUSKONGRUENZ wirkt in dreifacher Weise jeweils vom Bezugsnomen aus.

(1): Im nominalen Satzglied herrscht Numeruskongruenz des Artikels, Pronomens und attributiven Adjektivs mit dem Nomen. Das gilt auch, wenn ein Personalpronomen die Bezugsgröße ist, vgl.

ich als Mitglied des Vereins
du als Mitglied des Vereins
wir als Mitglieder des Vereins
ihr als Mitglieder des Vereins

(2): Wenn ein Nomen durch ein Pronomen vertreten wird, gilt Numeruskongruenz, z. B. *Der Mann kam auf mich zu. Er trug einen Talar. – Die Männer kamen auf mich zu. Sie trugen Talare.*; aber *Die Männer kamen auf mich zu. Einer trug einen Talar.* Hier wird zwar auf das Nomen *Männer* Bezug genommen durch *einer*, aber es wird nicht als Ganzes aufgegriffen.

(3) Zwischen dem Subjekt und dem finiten Verb des Prädikats herrscht Numeruskongruenz. Hier kommt es allerdings zu einigen Zweifelsfällen:

(a) Bei formeller Anrede steht das Subjekt im Singular und das Verb im Plural, z. B. *Haben Ihre Exellenz wohl geruht?*

(b) Bei Sätzen mit dem (vorläufigen) Subjekt *es* richtet sich das Verb nach dem eigentlichen Subjekt, vgl. *Es ist noch weit bis Buffalo. – Es sind noch vierzig Meilen bis Buffalo.*

(c) Wenn im Subjekt mehrere nominale Satzglieder koordiniert sind (parataktische Konstruktionen), findet man folgende Verhältnisse:

– Bei addierender Koordination *(und, sowie, sowohl als auch* u. a.) steht das finite Verb im Plural. z. B. *Sowohl der Dekan als auch der Prodekan haben sich in dem Fachbereich verdient gemacht.*
– Bei diskunkter Koordination kommt es auf den Zusammenhang an. Wenn der je einzelne gemeint ist, wird Singular stehen, wenn der eine oder andere oder beide gemeint sind, kann Plural stehen, vgl. *Doch weder Stephan noch Juliette waren daheim anzutreffen. – Wo Gesundheit oder Leben auf dem Spiele stehen, . . . – Wenn irgendwo, irgendwo, sagt sie leidenschaftlich, ein General oder ein Oberschütze bei einem Mädchen schläft, . . .*

(d) Wenn durch ein Mengenwort, das im Singular steht, eine Vielheit ausgedrückt wird, die durch ein Attribut zum Ausdruck kommt, kann Singular oder Plural stehen. Es wird darauf ankommen, ob man die Einheit oder die Vielheit betonen will, z. B. *Eine Gruppe von Menschen steht/stehen vor dem Haus.*

5.5 Personkongruenz

Personkongruenz wirkt in zwei Bereichen: (1) zwischen der Person des Subjekts und dem finiten Verb und (2) zwischen dem Subjekt und dem Reflexivpronomen. Zu (1) vgl. folgenden Satz: *„Ich werde, du wirst, er wird"* (Büchner: Dantons Tod). Zu (2) vgl. folgende Sätze:
Man befiehlt mir, mich zu beeilen.
Man befiehlt ihm, sich zu beeilen.
Man befiehlt ihr, sich zu beeilen.
Man befiehlt dir, dich zu beeilen.
Man befiehlt uns, uns zu beeilen.

5.6 Zusammenfassung der Flexionskongruenz

Wenn man die bisher behandelten Kongruenzen unter morphologischen Gesichtspunkten behandelt, kann man sagen, daß sie alle durch Flexionsmittel angezeigt werden. Wir finden verschiedene Kongruenzbündelungen:

In einem nominalen Satzglied gibt es Kasus-Genus-Numerus-Kongruenz. Aus dem nominalen Satzglied heraus in die pronominale Textverknüpfung gibt es Kasus- und teilweise Genuskongruenz. In der *ist*-Prädikation gibt es Kasus- und teilweise Genuskongruenz zwischen Subjekt und Prädikativ. Zwischen Subjekt und finitem Verb schließlich liegt Numeruskongruenz vor. Da diese Kongruenzen in der deutschen Sprache sehr verbindlich sind und auch ein Formenreichtum da ist, kann die Wortstellung relativ frei sein. Im Lateinischen ist sie noch freier. Beim Übersetzen aus dem Lateinischen sucht man deshalb auch zunächst die Kongruenzen und hat dann die Struktur des Satzes ermittelt. Im englischen ist die Wortstellung jedoch weniger frei, da weniger Flexionsformen vorhanden sind.

AUFGABE 5.3: Suchen Sie im folgenden Textstück, dem Anfang von Kafka's „Das Schloß“, einige Kongruenzen heraus:

Es war spät abends, als K. ankam. Das Dorf lag in tiefem Schnee. Vom Schloßberg war nichts zu sehen, Nebel und Finsternis umgaben ihn, auch nicht der schwächste Lichtschein deutete das große Schloß an. Lange stand K. auf der Holzbrücke, die von der Landstraße zum Dorf führte, und blickte in die scheinbare Leere empor.

5.7 *Tempus*

Bei den Übereinstimmungen im Tempusbereich spricht man normalerweise nicht von Kongruenzen, aber auch hier gibt es feste Regeln für Übereinstimmungen in drei Bereichen:

(1) In Satzgefügen gibt es zwischen den finiten Verben des Matrixsatzes und der Gliedsätze eine feste Tempusregelung, die CONSECUTIO TEMPORUM. Die Ketten der Verbindungsmöglichkeiten heißen Präsens – Perfekt – Futur I sowie Präteritum – Plusquamperfekt – Futur II.

(2) In Satzgefügen, bei denen der Gliedsatz durch eine temporale Konjunktion eingeleitet wird, müssen KONJUNKTION und FINITES VERB des Gliedsatzes zusammenpassen. Dieses Zusammenpassen wird allerdings nicht von der Tempusform hergeleitet, sondern vom gemeinsamen Zeitbezug, vgl.

Während verlangt Übereinstimmung im Zeitbezug: *Während ich nach Hause kam, klingelte das Telefon. – Während ich hier schreibe, sortierst du die Karten.* (Zeitbezug Gegenwart, eventuell Zukunft, bei historischem Präsens auch Vergangenheit, jedenfalls Gleichzeitigkeit).

Wenn als Tempuskonjunktion bewirkt Zukunftsbezug, vgl.

Sind wir froh, { *daß das vorbei ist.*
wenn das vorbei ist. }

(Beim ersten Beispiel ist der Zeitbezug Vergangenheit, beim zweiten Zukunft).

AUFGABE 5.4: Ermitteln Sie die Zeitbezüge der Konjunktionen *als* und *nachdem.*

(3) Der Zeitbezug eines Satzes und der eines ganzen Textes wird sehr oft durch ADVERBIELLE BESTIMMUNGEN DER ZEIT hergestellt oder modifiziert. Auch hier gibt es Übereinstimmungen. Man kann z. B. nicht sagen: **Gestern werde ich dieses Buch lesen.*

AUFGABE 5.5: (a) Beschreiben und begründen Sie das Zeitgefüge im folgenden Text. (b) Versuchen Sie den Text umzuschreiben, so daß der Text keine temporalen adverbiellen Bestimmung mehr enthält (aus: Robert Stewart: Labrador. Die Wildnisse der Welt. Amsterdam 1977, 31):

Ich war mir bewußt, daß ich ein Überbleibsel eines der großen Ereignisse der Erdgeschichte vor mir hatte. Bevor er anderthalbtausend Kilometer nördlich von uns ins Meer stürzte, war dieser Eisberg ein greifbarer Teil der letzten (jedenfalls bisher letzten) Eiszeit gewesen. Er bildete einst ein winziges Partikel des massiven Eispanzers, der bis zum heutigen Tage das ganze Innere Grönlands bedeckt – mit einer Ausdehnung von über zweieinhalb Millionen Quadratkilometern, einer Dicke von bis zu 3300 Metern und einem Gewicht von mehreren Milliarden Tonnen pro Quadratkilometer.

Dieses ungeheure Gewicht hatte auch meinen Eisberg in Bewegung gesetzt. Große Gletscher bildeten sich und begannen sich durch die Küstenberge zum Meer zu bewegen. Der Humboldt-Gletscher am Smith-Sund beispielsweise hat eine Front von über hundert Kilometern. Als massive Eismauer von 90 Meter Höhe gleitet er ins Wasser der Davis-Straße. Aber die Front eines Gletschers ist im Grunde genommen nicht massiv. Obwohl ihr Fuß sich scheinbar nicht bewegt, ist sie innerlich in ständiger Bewegung. Das Gletschereis entstand aus dem zusammengepreßten Schnee vieler Jahre und besteht aus Schichten ziemlich großer und regelmäßiger Kristalle, die sich verflachen und aneinander entlanggleiten wie Spielkarten in einem lokkeren Stapel. Der Gletscher schmilzt auch etwas als Folge der Wärme, die durch den Druck der Eismasse erzeugt wird. An der Unterseite ist der Gletscher deshalb gleitfähig.

6. Wortstellung und Satzgliedstellung

Die äußere Form von Sätzen ist die einer linearen Abfolge von Wörtern. Wir haben in den vergangenen Kapiteln gesehen, daß die Wörter in hierarchischen Strukturen einander zugeordnet sind und Funktionen in Beziehungsgefüge des Satzes erfüllen. In diesem Kapitel wird es darum gehen festzustellen, inwieweit die Abfolge der Wörter im Satz die anderern Strukturprinzipien unterstützt, ergänzt oder neue Strukturprinzipien hinzufügt. Man spricht traditionellerweise von der Wortstellung. Es geht in diesem Kapitel also um Erscheinungsformen und Funktionen der Wortstellung im Satz.

Der Terminus WORTSTELLUNG fußt auf einer alten Tradition, die auf lateinische Grammatiken zurückgeht. Für das Deutsche ist der Terminus ungenau. Bei der Aufgliederung der Sätze haben wir, als wir die Umstellprobe anwendeten, ganze Satzglieder und nicht einzelne Wörter umstellt (allerdings mit dem Minimalfall: Satzglied = einziges Wort). Man muß also unterscheiden zwischen der Anordnung der Wörter innerhalb eines Satzgliedes und der Anordnung der Satzglieder im Satz. Als Termini verwenden wir entsprechend für das folgende:

(1) WORTSTELLUNG für die Anordnung der Wörter im Satzglied;
(2) SATZGLIEDSTELLUNG oder GLIEDSTELLUNG für die Anordnung der Satzglieder im Satz.

Wir werden dabei feststellen, daß im verbalen Satzglied die Wörter des Satzgliedes oft in zwei Gruppen über den Satz verteilt sind, und daß diese Eigenart gerade ein Grundprinzip des deutschen Satzbaus ist, das eine Reihe wichtiger Funktionen erfüllt, z. B. die Kennzeichnung von Satzarten.

6.1 *Wortstellung innerhalb von Satzgliedern*

Wir behandeln im folgenden die Wortstellung innerhalb der einzelnen Satzglieder, wie sie im Kap. 4.2 eingeführt wurden.

Nominale Satzglieder

In struktureller Hinsicht ist in einem nominalen Satzglied das Nomen bestimmend. Das wirkt sich auch auf die Wortstellung aus: Das Nomen steht am Ende des Satzgliedes. Vor dem Nomen steht der Artikel bzw. das Pronomen; sie bilden gegebenenfalls die Klammer für das vorangestellte Attribut, das dazwischengeschoben wird, z. B.
Novembertag
der/ ein Novembertag
ein grauer Novembertag
ein solcher Novembertag
dieser graue, trübe Novembertag
dieser für Herz, Seele und Gemüt nicht gerade erheiternde, graue und trübe Novembertag

Ein Sonderfall eines vorgezogenen Attributes findet sich im Typ: *solch ein Tag, welch ein Tag, manch ein Tag, so ein Tag*. Hier ist das attributive Pronomen bzw. Adverb aus der Klammer herausgestellt, dadurch wird eine besondere Hervorhebungswirkung erhielt. Dieses Prinzip der Ausklammerung werden wir bei der verbalen Satuklammer wieder antreffen.

Wenn mehrere Nomen im nominalen Satzglied stehen, gibt es einige feste Regeln: Mengen- und Maßangaben sowie Titel stehen direkt vor dem Nomen, z. B. *fünf Sack Kartoffeln, Fräulein Müller, Fräulein Dr. Kaiser.* Vornamen stehen gewöhnlich vor dem Familiennamen, dialektal geht es auch umgekehrt *(Maier Sepp).*

Bei nominalen Satzglied steht das strukturell untergeordnete Attribut (Satzglied zweiter Ordnung) nicht nur in der Artikel-Nomen-Klammer, sondern auch als nachgestelltes Attribut direkt hinter dem Nomen, z. B. *die Rücklichter des Autos* und *das Auto mit dem kaputten Rücklicht.*

Wenn das nominale Satzglied ein Pronomen ist, bildet es normalerweise allein ein Satzglied. Manchmal gibt es auch hier Attributionen wie *selbst ich, ich selbst, ausgerechnet du.*

Präpositionales Satzglied

Präpositionen stehen meist vor, manchmal hinter nominalen Satzgliedern. Einige mehrteilige Präpositionen schließen nominale Satzglieder ein. Die nominalen Satzglieder können ihrerseits Attribute enthalten, die Stellung der Präpositionen ist somit sehr fest, vgl.
vor dem Haus
vor dem von Malergerüsten umgebenen Haus

für dich
des lieben Geldes wegen
des Geldes der lieben Erbtante wegen
um des lieben Geldes willen

ADJEKTIVISCHES SATZGLIED

Das adjektivische Satzglied gruppiert sich um Adjektive oder adjektivisch gebrauchte Partizipien. Prinzipiell ist zu unterscheiden zwischen aneinandergereihten und hierarchisch geordneten adjektivischen Satzgliedern. Die aneinandergereihten sind strukturell gleichgeordnet (koordiniert). Die Reihenfolge ist syntaktisch beliebig und hängt von der Satzbedeutung ab. Ungeklärt ist, wieviele Adjektive man einanderreihen kann. Hier stößt eine Grammatik an eine Grenze; eine grammatische Regel läßt sich nicht finden (vgl. auch Schachtelsätze Kap. 7).

Bei den hierarchisch strukturierten adjektivischen Satzgliedern können vor dem hierarchisch obersten Adjektiv stehen: Adverbien, unflektierte Adjektive, präpositionale Satzglieder und nominale Satzglieder, z. B.

(der) sehr gründliche (Bericht)
(der) außerordentlich gründliche (Bericht)
(die) zwei Meter hohe (Mauer)
(die Mauer ist) zwei Meter hoch

Nach dem übergeordneten Adjektiv können stehen: präpositionale und nominale Satzglieder, z. B.

voll des süßen Weines

Was hier für das adjektivische Glied ausgeführt wurde, gilt auch für das partizipiale Satzglied.

AUFGABE 6.1: Analysieren Sie die Wortstellung innerhalb der partizipialen Satzglieder im folgenden Textstück (aus Broch: Tod des Vergil):

Stahlblau und leicht, bewegt von einem leisen, kaum merklichen Gegenwind, waren die Wellen des Adriatischen Meeres dem kaiserlichen Geschwader entgegengeströmt, als dieses, die mählich anrückenden Flachhügel der kalabrischen Küste zur Linken, dem Hafen Brundisium zusteuerte.

AUFGABE 6.2: (a) Versuchen Sie, den folgenden Text umzuformen, so daß er verständlicher wird. (b) Warum ist der gegebene Text schwer verständlich?

Die vom Kultus- und vom Wissenschaftsminister gemeinsam angeordneten und mit Erlaß vom Mai 1978 inhaltlich festgelegten, von den Hochschullehrern und Studenten jedoch abgelehnten Brückenkurse müssen leider geplant werden.

Adverbiales Satzglied

Bei Adverbialgruppen gilt für Reihungen das gleiche wie für Adjektivgruppen: Syntaktisch sind sie koordiniert oder subordiniert. Vor dem näher bestimmten Adverb können andere Adverbien, Adjektive oder präpositionale Gruppen stehen; z. B. *so sehr (umständlich)*
hoch oben
weit draußen
ganz tief unten

Hinter dem Adverb können nur präpositionale Gruppen stehen, z. B. *hoch oben auf dem Seil.*

Verbales Satzglied

Das verbale Satzglied ist für die Struktur des ganzen Satzes von großer Bedeutung, in Sonderheit bei mehrteiligen Verbformen. Es wird zusammen mit der Stellung der Satzglieder behandelt werden.

6.2 *Stellung der Satzglieder im Satz*

Der Prager Linguist Erich Drach, der 1934 in seinem „Grundgedanken der deutschen Satzlehre" insbesondere die Stellung von Wörtern und Satzgliedern behandelt, stellt fest: „Das verbun finitum ist der standfeste Angelpunkt, um den herum der Satz sich aufbaut und aufgliedert. [. . .] Dieser Grundplan gilt ausnahmslos. Das Geschehen zur Mittelachse der Aussage zu machen, muß eine Gestaltungsweise sein, die dem deutschen Sprachdenken im besonderen Maße liegt." (S. 16f)

AUFGABE 6.3: (a) Überprüfen Sie Drach's Feststellung, indem Sie die finiten Verben in folgendem Textstück, dem Anfang von Brecht's „Dreigroschenroman", kennzeichnen und das verbum finitum besonders markieren. (b) Wo steht das finite Verb in Matrixsätzen, wo in Gliedsätzen? *Einem Soldaten namens George Fewkoombey wurde im Burenkrieg ins Bein geschossen, so daß ihm in einem Hospital in Kaptown der Unterschenkel amputiert werden mußte. Er kehrte nach London zurück und bekam 75 Pfund ausbezahlt, dafür unterzeichnete er ein Papier, worauf stand, daß er keinerlei Ansprüche mehr an den Staat habe. 75 Pfund steckte er in eine kleine Kneipe in Newgate, die in letzter Zeit, wie er sich aus den Büchern, kleinen, mit Bleistift geführten, bierfleckigen Kladden, überzeugen konnte, ihre reichlich 40 Schilling abwarf.*

Eine der Funktionen der Stellung ist es, die sogenannten Satzarten bzw. Satztypen anzuzeigen. Im AUSSAGESATZ (er heißt auch MITTEILUNGSSATZ) steht das finite Verb an zweiter Satzstelle; vgl. *Die Sonne schimmert rötlich durch die Wolken. – Die Sonne hat rötlich durch die Wolken geschimmert.* Im FRAGESATZ ist zu unterscheiden zwischen der sogenannten ENTSCHEIDUNGSFRAGE, in der das finite Verb in Spitzenstellung (Stirnstellung) steht, und dem FRAGESATZ MIT FRAGEWORT (auch ERGÄNZUNGSFRAGE genannt); vgl.

Siehst du den Mond über Soho, Polly?
Schimmert die Sonne rötlich durch die Wolken?
Hat die Sonne rötlich durch die Wolken geschimmert?
Was schimmert rötlich durch die Wolken?

In den sogenannten AUFFORDERUNGSSÄTZEN (BEFEHLS-, WUNSCHSÄTZEN) schließlich steht das finite Verb (Imperativform) in Spitzenstellung; vgl. *Betrachte die Sonne, wie sie durch die Wolke schimmert! – Geben Sie Gedankenfreiheit, Sire!*

Diese Satzartbegriffe haben eine lange Tradition: Sie scheinen auszudrücken, die Satzart gebe die jeweilige kommunikative Funktion an. So steht es auch noch in vielen Grammatiken. Sprechaktanalysen zeigen, daß das alles nicht stimmt. Z. B. kann ein „Aussagesatz“ eine Frage oder einen Befehl ausdrücken. Die entsprechende Betonung zeigt das an (in den Beispielen durch Satzzeichen gekennzeichnet):

Du kommst mit.
Du kommst mit?
Du kommst mit!

Selbst, wenn etwas der Form und Intonation nach ein Fragesatz oder ein Aussagesatz ist, kann es dem Sprechakt nach ein Aufforderungssatz sein, z. B. *Wer wischt mal die Tafel ab?* und *Die Tafel ist schmutzig.* Beides können handfeste Aufforderungen sein, die Tafel zu putzen.

Zurück zum Verbum finitum und seiner bestehenden Position. Drach 1934, 17 teilt den Satz in drei Felder ein:

Vorfeld	Mitte	Nachfeld
*	Geschehen (Personalform des Verbs)	*

Das VORFELD ist in Sätzen, wo das finite Verb an zweiter Stelle steht, alles, was vor dem finiten Verb steht. Das NACHFELD besteht aus den nicht-finiten Teilen eines mehrgliedrigen Satzgliedes (infinite Verbformen und Verbzusätze). In Sätzen mit nur einem Verb, dem finiten Verb, gibt es also kein Nachfeld. In Sätzen mit Nachfeld hat man eine verbale Satzklammer. Alles andere, also das finite Verb und darauf folgende Satzglieder gehören laut Drach zum MITTELFELD. Im Gliedsatz rückt das finite Verb ins Nachfeld, im Befehls-, Aufforderungssatz und Entscheidungsfragesatz ins Vorfeld. Die Konjunktion in Gliedsätzen steht im Vorfeld.

AUFGABE 6.4: Teilen Sie das bereits betrachtete Textstück in Felder, also in Vor-, Mittel- und Nachfeld ein (aus Brecht: Dreigroschenroman): *Einem Soldaten namens George Fewkoombey wurde im Burenkrieg ins Bein geschossen, so daß ihm in einem Hospital in Kaptown der Unterschenkel amputiert werden mußte. Er kehrte nach London zurück und bekam 75 Pfund ausbezahlt, dafür unterzeichnete er ein Papier, worauf stand, daß er keinerlei Ansprüche mehr an den Staat habe. 75 Pfund steckte er in eine kleine Kneipe in Newgate, die in letzter Zeit, wie er sich aus den Büchern, kleinen, mit Bleistift geführten, bierfleckigen Kladden, überzeugen konnte, ihre reichlich 40 Schilling abwarf.*
Als er in das winzige Hinterzimmer eingezogen war und den Schankbetrieb zusammen mit einem alten Weib ein paar Wochen geführt hatte, wußte er, daß sein Bein sich nicht besonders rentiert hatte.

Drach's Feldeinteilung ist für Überlegungen zur Satzgliedstellung grundlegend, ebenso seine Feststellungen über die verbale Satzklammer. Die verschiedenen Besetzungen des Vorfeldes, die Variationen in der Reihenfolge der Satzglieder im Mittelfeld sowie Ausklammerungen hinter das Nachfeld oder vor das Vorfeld haben dreifache Funktion:

(1) Durch die syntaktische Funktion wird eine bestimmte Stellung vorgeschrieben, sie ist also im grammatischen Sinne festgelegt.
(2) Diese Stellungen kennzeichnen syntaktische Funktionen, wenn diese nicht morphologisch oder semantisch festgelegt sind.
(3) Man kann variabel über die Satzgliedstellung verfügen und erreicht damit kommunikative und/oder stilistische Wirkungen des Hervorhebens, Betonens oder aber des „normalen" sachlichen Berichts.

Zu (1): Bei mehreren Objekten im Mittelfeld gilt als Reihenfolge Dativobjekt – Akkusativobjekt – Präpositionalobjekt, vgl. *Der Reiter schlug dem Pferd die Reitgerte in die Flanke.* Wenn das Akkusativobjekt ein einfaches Pronomen (ein sogenanntes Leichtglied) ist, wird es vorgezogen, vgl. *Der Reiter schlug sie dem Pferd in die Flanke.*, so auch *Er schlug sie ihm in die Flanke.*

Zu (2): Wenn das Subjekt und das Akkusativobjekt in der geschriebenen Sprache morphologisch nicht gekennzeichnet sind und die Semantik des Verbs keine Eindeutigkeit bewirkt, muß das Subjekt vor Objekten stehen, unabhängig davon, ob im Vor- oder Mittelfeld, vgl. *Max liebt Marie und hofft, daß Marie Max liebt.* Dagegen ist *Gräser fressen Kühe.*, eindeutig, außer im Zauberwald, wo es kuhfressende Gräser geben mag.

Bei präpositionalen Satzgliedern kann durch die Stellung eindeutig angezeigt werden, ob es sich um ein Attribut oder ein adverbielle Bestimmungen handelt (in Passivsätzen des Agens). Hier findet man in Texten – besonders bei ungeübten Schreibern – schlampige Mehrdeutigkeiten, die der Schreiber nicht bemerkt, weil ihm der Zusammenhang klar ist, dem Leser aber nicht, vgl.

Das kaiserliche Gewürzgärtlein Karls des Großen vor dem Dom zu Aachen wird heute noch gepflegt. (Attribut)

Vor dem Dom zu Aachen wird heute noch das kaiserliche Gewürzgärtlein gepflegt. (adverbielle Bestimmung)

Heute noch wird das kaiserliche Gewürzgärtlein Karls des Großen vor dem Dom zu Aachen gepflegt. (mehrdeutig)

Bei dem letzten mehrdeutigen Beispiel ist der Unterschied zwischen Attribut oder adverbieller Bestimmung wohl nicht sehr wichtig. Bei *Im Bundestag wurde der Gesetzesentwurf von Helmut Kohl scharf kritisiert.*, wäre es dagegen schon wichtig zu wissen, ob Helmut Kohl der Kritiker war, oder ob er eine Gesetzesvorlage eingebracht hat.

Weiter wird durch die Stellung der Negation nicht der Geltungsbereich der Verneinung festgelegt.

AUFGABE 6.5: Bestimmen Sie den jeweiligen Geltungsbereich der Verneinung:

(1) Ich holte den Sonnenschirm gestern abend nicht von der Terrasse.
(2) Ich holte nicht den Sonnenschirm gestern abend von der Terasse.
(3) Ich holte den Sonnenschirm nicht gestern abend von der Terasse.
(4) Nicht ich holte gestern abend den Sonnenschirm von der Terasse.
(5) Gestern, aber nicht am Abend, holte ich den Sonnenschirm von der Terasse.
(6) Nicht von der Terasse holte ich gestern abend den Sonnenschirm.

Zu (3): Als „Normalstellung“ wird es im Deutschen empfunden, wenn das Subjekt oder eine temporale adverbielle Bestimmung im Vorfeld steht. Wird hiervon abgewichen, dann bewirkt die Spitzenstellung eine besondere Betonung, vgl. *Der Reiter Schlug dem Pferd die Gerte plötzlich in die Flanke.*

Plötzlich schlug der Reiter dem Pferd die Gerte in die Flanke.

gegenüber

In die Flanke schlug der Reiter dem Pferd die Gerte.

Die Gerte schlug der Reiter dem Pferd in die Flanke.

Dem Pferd schlug der Reiter die Gerte in die Flanke.

Spitzenstellung bewirkt besondere Betonung; es wird hervorgehoben, ob er in die Flanke schlug, ob es das Pferd war, oder ob es mit der Gerte geschah.

Das Vorfeld kann ausgefaltet werden, wenn ein Wiederaufgreifen durch Pronomen oder Pronominaladverb stattfindet, z. B.

Da unten, da fließt der Rhein.

Eis essen, das mag ich gerne.

Die kleine lustige Petra mit den Sommersprossen, die mag ich besonders.

Vor dem Vorfeld können prinzipiell koordinierende Konjunktionen stehen; dadurch wird keine besondere Wirkung erzielt, vgl. *Denn ich bin klug und weise und mich betrügt man nicht.*

Wenn im Mittelfeld besonders viele Satzglieder stehen, kann man aus dem Mittelfeld Satzglieder hinter das Nachfeld stellen. Damit wird der Satz leichter lesbar bzw. hörbar, weil die Verbklammer nicht so lange offengehalten wird. Man spricht dann von AUSKLAMMERUNG.

Wenn bei einem kleinen Mittelfeld ausgeklammert wird, hat man wiederum eine starke Hervorhebung des ausgeklammerten Satzgliedes; vgl. die beiden Sätze in § 113, Absätze (1) und (2) des Regierungsentwurfes für das Gesetz über wissenschaftliche Hochschulen des Landes Nordrhein-Westfalen, der die so umstrittene Regelstudienzeiten regelt. Die verbalen Teile sind von uns unterstrichen, Abs. (1), Satz 1 mit verbaler Klammer, Satz 2 mit Ausklammerung, Abs. (2) mit sehr groß geratener Klammer:

§ 113

Regelstudienzeit

(1) Für jeden Studiengang ist in der Prüfungsordnung die Studienzeit festzusetzen, in der in der Regel, eine entsprechende Gestaltung der Studienordnungen und des Lehrangebots vorausgesetzt, ein erster berufsqualifizierender Abschluß erworben werden kann (Regelstudienzeit). Die Regelstudienzeit ist maßgebend für die Gestaltung der Studienordnung, für die Sicherstellung des Lehrangebots, für die Gestaltung des

Prüfungsverfahrens sowie für die Ermittlung und Feststellung der Ausbildungskapazitäten und die Berechnung von Studentenzahlen bei der Hochschulplanung.

(2) Bei der Festsetzung der Regelstudienzeit für den einzelnen Studiengang sind die allgemeinen Ziele des Studiums und die besonderen Erfordernisse des jeweiligen Studienganges, die Möglichkeiten der Weiterbildung und des Aufbaustudiums sowie Erfahrungen mit bereits bestehenden Studiengängen und mit vergleichbaren Studiengängen im Ausland zu berücksichtigen.

In der komplexen Syntax gelten z. T. die gleichen Stellungsregeln innerhalb eines Matrixsatzes. Wenn einzelne Gliedsätze besonders lang werden, wird die Ausklammerung die Regel.

7 Komplexe Syntax

Bisher haben wir die Bestandteile einfacher und erweiterter Sätze betrachtet. In diesem Kapitel wird es darum gehen, auf der Grundlage der bisher erarbeiteten Einsichten in syntaktische Strukturen komplexere syntaktische Fügungen zu analysieren. Im Kapitel 1 wurden hierfür die Begriffe MATRIXSATZ (SATZGEFÜGE) PERIODE (SATZREIHE) sowie für Teilsätze von komplexen Sätzen die Begriffe GLIEDSATZ und ÜBERGEORDNETER TEILSATZ (dafür auch TRÄGERSATZ und mit Einschränkung HAUPTSATZ) eingeführt. In den Analysen werden die Strukturen dieser komplxen syntaktischen Gebilde unter den folgenden Gesichtspunkten zu analysieren sein. Wir gehen dabei methodisch so vor wie bei der Analyse von Wörtern, Wortarten und Satzgliedern:

In Abschnitt 7.1 werden wir die Form von Teilsätzen in der Struktur einer Periode behandeln und somit kategoriale Begriffe geben.

In Abschnitt 7.2 werden die Verknüpfungsmittel behandelt, mit denen Teilsätze in einen Matrixsatz oder eine Periode eingebunden werden. Dabei werden wiederum die Kategorien (Wortarten), die Verknüpfungsfunktionen (Gleichordnung, Unterordnung und Vertretung) sowie semantischen Interpretationen (temporale, modale, kausale usw.) dieser Verknüpfungsmittel zu betrachten sein.

In Abschnitt 7.3 werden die syntaktischen Funktionen der Teilsätze erörtert.

In Abschnitt 7.4 geht es um die Bedeutungsleistung (semantische Interpretation) von Teilsätzen.

In Abschnitt 7.5 schließlich werden die Konstruktionsmuster des Gleichordnens (paraktaktische Konstruktion) und des Unterordnens (hypotaktische Konstruktion) behandelt.

7.1 *Formen von Teilsätzen*

Im folgenden Text, dem Anfang von Gottfried Keller's „Sinngedicht“, haben wir einen komplexen Satz vor uns:

> *Vor etwa fünfundzwanzig Jahren, als die Naturwissenschaften eben wieder auf einem höchsten Gipfel standen, obgleich das Gesetz der natürlichen Zuchtwahl noch nicht bekannt war, öffnete Herr Reinhart eines Tages seine*

Fensterläden und ließ den Morgenglanz, der hinter den Bergen hervorkam, in sein Arbeitsgemach, und mit dem Frühgolde wehte eine frische Sommermorgenluft daher und bewegte kräftig die schweren Vorhänge und die schattigen Haare des Mannes.

In der Grobstruktur handelt es sich um eine Periode (Satzreihe), um nebengeordnete Teile, die selbständig stehen könnten. Der erste selbständige Teil endet mit ... *in sein Arbeitsgemach;* danach könnte ein Punkt stehen, das *und* könnte entfallen, und der zweite Teil könnte als neuer selbständiger Teil anfangen: *Mit dem Frühgolde* ... Der erste Teil ist ein Matrixsatz, der eine Reihe von Gliedsätzen enthält. Wir werden ihn sogleich genauer analysieren. Der zweite Teil ist ein erweiterter Satz, dessen Prädikat aus zwei nebengeordneten (koordinierten) Teilen besteht: *wehte ... daher* und *bewegte kräftig die schweren Vorhänge und die schattigen Haare des Mannes* (weiter Prüdikatsbegriff).

Der Matrixsatz des ersten Teiles der Periode setzt sich zusammen aus einem erweiterten (an sich vollständigen) Satz: *Vor etwa 25 Jahren ... öffnete Herr Reinhart eines Tages seine Fensterläden und ließ den Morgenglanz ... in sein Arbeitsgemach.* Dieser übergeordnete Teilsatz, der wiederum ein koordiniertes Prädikat enthält, würde in traditioneller Terminologie Hauptsatz heißen (formales Merkmal: finites Verb *öffnete* an zweiter Satzstelle). In ihn sind Gliedsätze (Nebensätze) eingebettet. Man muß weiter zwei Unterordnungsebenen unterscheiden, weil dem ersten Gliedsatz *als die Naturwissenschaften eben wieder auf dem höchsten Gipfel standen* ein weiterer Gliedsatz untergeordnet ist: *obgleich das Gesetz der natürlichen Zuchtwahl noch nicht bekannt war.* Beide Gliedsätze sind durch Konjunktionen eingeleitet und haben das finite Verb an letzter Stelle. Als weiterer Gliedsatz der ersten Ebene kommt *hinter den Bergen hervorkam* hinzu, eingeleitet durch Relativpronomen und mit finitem Verb an letzter Satzstelle. Die Struktur der komplexen Periode läßt sich also wie folgt darstellen, wobei wir die Struktur der Zusammengehörigkeiten durch Klammern und die Unterordnungsebene durch Unterstreichungen kennzeichnen:

{ } eine gesamte Periode
[ ] gleichgeordnete Teile einer Periode oder eines Matrixsatzes
( ) Gliedsatz bzw. Gliedsatzgefüge der 1. Ordnung
◁ ▷ Gliedsatz der 2. Ordnung
______ übergeordneter Teil des Matrixsatzes und zweiter Teil der Periode

. . . . . 1. Unterordnung (Gliedsatz 1. Ordnung)
.—.—. 2. Unterordnung (Gliedsatz 2. Ordnung)

{ *[Vor etwa fünfundzwanzig Jahren, (als die Naturwissenschaften eben wieder auf einem höchsten Gipfel standen, ◁obgleich das Gesetz der natürlichen Zuchtwahl noch nicht bekannt war▷) öffnete Herr Reinhard eines Tages seine Fensterläden und ließ den Morgenglanz, (der hinter den Bergen hervorkam,) in sein Arbeitsgemach,] [und mit dem Frühgolde wehte eine frische Morgenluft daher und bewegte kräftig die schweren Vorhänge und die schattigen Haare des Mannes.]* }

Prinzipien des Unter- und des Gleichordnens werden in Kap. 7.5 weiter behandelt werden; hier sollten sie den Rahmen für die Formen von Teilsätzen abgeben. Als solche Formen haben wir also bisher einen übergeordneten Teilsatz (Trägersatz, Hauptsatz) und einen Gliedsatz.

In Matrixsätzen finden wir noch die folgenden Teile:

(1) Zunächst gibt es die ÜBERGEORDNETEN TEILE EINES MATRIXSATZES, die unvollständig sind, weil ein notwendiger Teil des Matrixsatzes ein Gliedsatz ist; z. B.

Was fehlt, ist Geld. (Subjekt als Gliedsatz)

Er bedauert, daß das Geld fehlt. (Akkusativobjekt als Gliedsatz)

Was wir bedauern, ist, daß das Geld fehlt. (Subjekt und Akkusativobjekt als Gliedsätze)

Die Party dauerte, bis die Getränke alle weg waren. (notwendige adverbielle Bestimmung als Gliedsatz)

Diese (unvollständigen) Teile von Matrixsätzen werden in den meisten Grammatiken nicht erwähnt, wodurch der Eindruck entsteht, sie wären den Hauptsätzen zuzurechnen. Wir ziehen es vor, von übergeordneten Teilen eines Matrixsatzes oder von Trägersätzen zu sprechen (auch für Hauptsätze).

(2) In der kategoriellen Benennung umstritten sind die sogenannten ABHÄNGIGEN HAUPTSÄTZE, die auch UNEINGELEITETE NEBENSÄTZE bzw. GLIEDSÄTZE genannt werden. Es handelt sich um Teile von Matrixsätzen, die der Form nach Hauptsätze sind (Merkmale: keine Konjunktion, finites Verb nicht an letzter Satzstelle), die aber in die Matrix untergeordnet sind, vgl. *Hätten wir noch zu trinken, würden wir weiterfeiern.* (Form: Hauptsatz, Funktion: adverbielle Bestimmung); es könnte hier auch ein konditionaler Gliedsatz stehen: *Wenn wir noch zu trinken hätten, . . .*

(3) Es bleiben zwei Konstruktionsmuster einzuführen: die INFINITIVSÄTZE und PARTIZIPIALSÄTZE. Beide stehen an untergeordne-

ter Stelle als Gliedsätze; man spricht deshalb auch von SATZWERTIGEN INFINITIVEN und PARTIZIPIEN; z. B.
Wir haben leider vergessen, mehr Getränke zu kaufen.
Um zu Geld zu kommen, müssen wir leider arbeiten.
Aus dem Paradies vertrieben, mußten sie hart arbeiten.

Bei den Partizipien und bei den Infinitiven ist darauf zu achten, daß ein Subjekt dem Sinne nach für den Infinitiv bzw. das Partizip im Matrixsatz vorhanden sein muß, sonst kommt es zu den Konstruktionen des „hängenden" Partizip bzw. des Infinitivs vom Typ: *Mit hängender Zunge auf dem Bahnhof angekommen, fuhr der Zug wieder ab.* (Wer ist denn mit hängender Zunge angekommen?) Für weitere Regularitäten und Einschränkungen s. Eichler/Bünting 1978, § 125.

AUFGABE 7.1: Zerlegen Sie den folgenden Absatz aus Tucholsky's „Hinweise für den Redner", indem Sie, wie vorhin (S. 104f.) dargestellt, die Über- und Unterordnungen kennzeichnen; sie werden weitere Klammern und Strichtypen benötigen:
Sprich mit langen, langen Sätzen – solchen, bei denen du, der du dich zu Hause, wo du ja die Ruhe, deren du so sehr benötigst, deiner Kinder ungeachtet, hast, vorbereitest, genau weißt, wie das Ende ist, die Nebensätze schön ineinander geschachtelt, so daß der Hörer, ungeduldig auf seinem Sitz hin und her träumend, sich in einem Kolleg wähnend, in dem er früher so gern geschlummert hat, auf das Ende einer solcher Periode wartet.

AUFGABE 7.2: Ermitteln Sie die satzwertigen Partizipien im Anfang von Broch's „Tod des Vergil" und erklären Sie ihre syntaktische Einbettung:
Stahlblau und leicht, bewegt von einem leisen, kaum merklichen Gegenwind, waren die Wellen des Adriatischen Meeres dem kaiserlichen Geschwader entgegengeströmt, als dieses, die mählich anrückenden Flachhügel der kalabrischen Küste zur Linken, dem Hafen Brundisium zusteuerte, und jetzt, da die sonnige, dennoch so todesahnende Einsamkeit der See sich ins friedvoll Freudige menschlicher Tätigkeit wandelte, da die Fluten, sanft überglänzt von der Nähe menschlichen Seins und Hausens, sich mit vielerlei Schiffen bevölkerten, mit solchen, die gleicherweise dem Hafen zustrebten, mit solchen, die aus ihm ausgelaufen waren, jetzt, da die braunsegeligen Fischerboote bereits überall die kleinen Schutzmolen all der vielen Dörfer und Ansiedlungen längs der weißbespülten Ufer verließen, um zum abendlichen Fang auszuziehen, da war das Wasser beinahe spiegelglatt geworden; perlmuttern war darüber die Muschel des Himmels geöffnet, es wurde Abend, und man roch das Holzfeuer der Herdstätten, sooft die Töne des Lebens, ein Hämmern oder ein Ruf von dort hergeweht und herangetragen wurden.

7.2 *Verknüpfungsmittel*

Die Teile komplexer Sätze werden auf verschiedene Weise miteinander verknüpft. Abgesehen von der Zeichensetzung beim Schreiben, die Intonationssignale der mündlichen Rede und grammatische Verhältnisse wiedergibt, werden Wörter gebraucht, deren Wortartenname gemeinhin KONJUNKTION (BINDEWORT) heißt.

Man findet folgende Termini: SUBORDINIERENDE (HYPOTAKTISCHE, UNTERORDNENDE), KOORDINIERENDE (PARAKTISCHE, GLEICHORDNENDE) KONJUNKTIONEN, RELATIVPRONOMEN, PRONOMIALADVERB, ADVERB, RELATIVPARTIKEL, FRAGEADVERB u.a.m. Die terminologische Vielfalt weist auf zweierlei hin:

(1) Über das Verknüpfen hinaus haben diese Verknüpfungsmittel weitere syntaktische und auch semantische Funktionen.

(2) Auch bei diesen Wörtern gibt es Definitionsprobleme für die Wortarten.

Wir erinnern an unsere Ausführungen im Kap. 3 über die unterschiedlichen Definitionskriterien für Wortarten. Kompliziert wird die Wortartenbestimmung hier auch deshalb, weil mehrere Wörter gemeinsam Verknüpfungsfunktionen wahrnehmen können (mehrteilige Konjunktionen), z. B. *als ob, sowohl als auch, anstatt daß, je desto.* Weiterhin gibt es einige stehende Wendungen mit konjunktionaler, d. h. verknüpfender Funktion, z. B. *geschweige denn daß, das heißt (d. h.), will sagen,* z. B.

Wir unterscheiden zunächst nach unterordnenden und gleichordnenden Verknüpfungsmittel und werden dann die sogenannten VERTRETERELEMENTE, oft PLATZHALTER genannt, behandeln, welche in einem Satz signalisieren, daß ein Gliedsatz folgt, z. B. *Wir sorgen dafür, daß genügend Getränke bereitstehen.,*
und *Er lehnt es ab, in den Keller zu gehen.*

UNTERORDNENDE VERKNÜPFUNGSMITTEL

Beispiele für unterordnende Verknüpfungsmittel: *während, wenn, ehe, anstatt daß, damit, weil, daß, nachdem, obwohl, weswegen, insofern als, als ob, kaum daß, was, welcher, der, wobei, woran, worunter* usw.

Hier sind zwei große Gruppen zu unterscheiden:

(1) Verknüpfungsmittel, welche RELATIVANSCHLUSS herstellen; d. h. Gliedsätze werden attributiv auf eine Bezugsgröße bezogen; es kann sich um ein Nomen handeln wie in *Morgenglanz, der hinter den*

Bergen hervorkam, oder sie können sich auf größere Teile des Satzes oder ein ganzes Satzgefüge beziehen, vgl. *Wir haben nichts mehr zu trinken, was uns sehr betrübt. Alles, was wir gefunden haben, haben wir ausgetrunken, woraus man schließen kann, daß zu wenig für unseren großen Durst da war.* Der Wortart nach haben wir hier Relativpronomen *(der, was)* und Relativadverb *(woraus).*

(2) Verknüpfungsmittel, welche Gliedsätze nicht-attributiver Art einfügen (mit ADVERBIELLER FUNKTION, SUBJEKTFUNKTION oder OBJEKTFUNKTION). Das Problem der Wortartenzugehörigkeit – ob reine Konunktion, die dann doch als Präposition oder Adverb auftaucht, ob Adverb oder ob Mischung bei mehrteiliegen Konjunktionen wie *nicht nur sondern auch* – wird in dieser Einführung nur erwähnt, aber nicht einzeln diskutiert (für Näheres s. Bergenoltz/Schaeder 1977, 119–127). Wichtiger ist, daß diese subordinierenden konjunktionalen Wörter Bedeutungsleistungen erbringen; wir kommen darauf in Kap. 7.4 zurück. Anzuführen sind noch die Konjunktionen *um, ohne, statt* und *anstatt,* welche Infinitivsätze einleiten können.

GLEICHORDNENDE VERKNÜPFUNGSMITTEL

Beispiele für gleichordnende Verknüpfungsmittel: *und, oder, aber, sowohl als auch, entweder oder, weder noch, teils teils, da, dann, denn nämlich, trotzdem, allein, andernfalls, beziehungsweise (bzw.), nur, sondern* usw.

Auch bei den koordinierenden Verknüpfungsmittel ist die Wortartzugehörigkeit nicht ohne Probleme. Bei den koordinierenden Konjunktionen kann man darüber hinaus nach drei Gesichtspunkten klassifizieren:

(1) einteilig versus mehrteilig;

(2) viele aber nicht alle koordinierenden Verknüpfungsmittel können auf der Ebene des Textes Teile miteinander verbinden, andere können nur Sätze miteinander verknüpfen, vgl.

und: *Fritz und Friederike; Fritz schnarchte, und Friederike ärgerte sich darüber.*

denn: *Friederike ärgerte sich, denn Peter schnarchte laut und vernehmlich.*

(3) einige der Verknüpfungsmittel besetzen keine Stelle im Satzbauplan, andere tun dies. Man erkennt das daran, ob in einem „Hauptsatz“ vor dem finiten Verb über die Konjunktion hinaus noch ein weiteres Satzglied erscheint oder nicht, vgl.

Fritz schnarchte, trotzdem ärgerte sich Friederike nicht.
Fritz schnarchte, und Friederike ärgerte sich.

VERTRETERELEMENTE

Bei einer Reihe von Sätzen stehen in übergeordneten Teilsätzen Wörter wie *daran, daher, das, es* u. a., die einen folgenden Teilsatz ankündigen. Man nennt sie deshalb VERTRETERELEMENT, PLATZHALTER oder VORGREIFENDES ELEMENT. Die Syntax der Verwendung von Vertreterelementen ist komplexer, als man glauben mag. Wir deuten drei Verwendungszusammenhänge an:

– Man kann den übergeordneten Teilsatz entlasten: *Es war nicht nett von uns, alle Flaschen auszutrinken.*, anstatt
Alle Flaschen auszutrinken war nicht nett von uns.
– Manche Verben verlangen ein Vertreterelement: *Wir können nichts dafür, daß der Wein so gut schmeckt.*
– Das Vertreterelement klärt die Satzbedeutung:
„Ich dachte es, daß du uns wecken würdest", sagte der Butler. (Dann hat es der Angesprochene auch getan.)
„Ich dachte, daß du uns wecken würdest", sagte der Butler. (Dann kann es der Angesprochene sowohl getan als auch nicht getan haben, im Mündlichen drückt die Betonung es genau aus; vgl. hierzu Ulvestad/Bergenholtz 1979).

Textverknüpfende Mittel sind auch und insbesondere Pronomina, die innerhalb von Sätzen und über Sätze hinaus in Texten Verknüpfungen herstellen (anaphorische Deixis). Wir werden sie in dieser Einführung in die Syntax nicht weiter behandeln.

7.3 *Syntaktische Funktion von Teilsätzen*

Der übergeordnete Teil eines Matrixsatzes hat die Funktion, den Rahmen der Matrix darzustellen. Strukturpositionen, welche durch nominale oder adverbiale Satzglieder besetzt werden können, können ebenfalls durch Gliedsätze besetzt werden. Die Gliedsätze haben dann im Matrixsatz die entsprechende syntaktische Funktion. Wir haben folgende Typen von Gliedsätzen:

(1) ATTRIBUTIVSÄTZE, z. B. *Die Flaschen, die wir leergetrunken haben, grinsen uns mit korkenlosen Hälsen an.* (Relativsatz);

(2) Adverbialsätze; für Beispiele s. Kap. 7.4;
(3) Objektsätze, z. B. *Ich fürchte, daß ich morgen Kopfschmerzen haben werde.*
(4) Subjektsätze, z. B. *Wer wagt, gewinnt.*
(5) Prädikativsätze, z. B. *Er ist nicht mehr, wie er war.*

AUFGABE 7.3: Geben Sie die syntaktische Funktion der Teilsätze an:
(a) *Glücklich ist, wer vergißt, was nicht mehr zu ändern ist.*
(b) *Den lieb ich, der Unmögliches begehrt.*
(c) *Er sagte es immer wieder, daß es schofel wäre, alle Flaschen auszutrinken.*
(d) *Dich zu verwöhnen, ist all mein Bestreben.*
(e) (für Fortgeschrittene): Geben Sie auch die syntaktischen Funktionen der Teilsätze im Tucholsky-Text aus der Aufgabe 7.1 an.

7.4 *Semantische Interpretation der Leistung der Gliedsätze*

Die adverbiellen Gliedsätze werden gewöhnlich nach semantischen Leistungen, die meistens durch die Verknüpfungsmittel ausgedrückt werden, klassifiziert. Wir übernehmen die Zusammenstellung von Admoni 1970, 270 mit dessen Beispielen, die auch die anderen Gliedsatztypen einschließt:

A. Subjektsatz *(Wer diese Notiz verfaßt hat, ist mir unbekannt.)*
B. Prädikativsatz *(Du bist, wie du warst.)*
C. Objektsatz *(Ich weiß, daß sie kommt.)*
D. Adverbialsätze
   I. Lokalsätze *(Ich wohne, wo du früher gewohnt hast.)*
   2. Temporalsätze *(Als es hell geworden war, schlug er die Augen auf.)*
   3. Adverbialsätze der Art und Weise *(Er lüftete seinen Hut, wobei er die Dame aufmerksam ansah.)*
   4. Kausalsätze *(Er kommt, weil man ihn gerufen hat.)*
   5. Konditionalsätze *(Ich bleibe, wenn du bleibst.)*
   6. Konzessivsätze *(Ich komme, obgleich ich krank bin.)*
   7. Restriktivsätze *(Wir ruderten, so gut es ging.)*
   8. Finalsätze *(Komm näher, damit ich dich sehe.)*

9. Konsekutivsätze *(Er stotterte, so daß man nichts verstehen konnte.)*
10. Komparativsätze a) reale Komparativsätze *(Er benimmt sich besser, als wir erwartet haben.)*
    b) irreale Komparativsätze *(Er tut, als ob er nichts höre.)*

E. Attributsätze *(Da steht ein Mann, den ich kenne.)*
F. Weiterführende Nebensätze *(Sie gab ihm das Buch, worauf er zu lesen begann.)*

Objektsätze können, wenn sie mit *ob, wieviel, was* u. a. eingeleitet werden, als INDIREKTE FRAGESÄTZE interpretiert werden, vgl. *Er wußte nicht, wieviele Flaschen im Keller waren. Er fragte, ob er einmal nachsehen sollte.* Sehr häufig findet man bei Verben des Sagens und des Meinens, wenn diese eine Redewiedergabe (ein Zitat) einleiten, Objektsätze, die die Rede direkt oder indirekt wiedergeben: *Er rief aus dem Keller: „Hier ist nur noch eine Flasche". – Er rief aus dem Keller, daß da nur eine Flasche sei.* (In der hochsprachlichen Norm wird für die indirekte Rede Konjunktiv erwartet, in der Sprachwirklichkeit findet man auch Indikativ).

7.5 *Hypotaxe und Parataxe*

Die syntaktischen Möglichkeiten der Satzbildung sind hiermit vorgestellt: Gleichordnung und damit Aneinanderreihung oder Unterordnung. Bei der UNTERORDNUNG gilt es noch, die Unterordnungsverhältnisse und die Abfolge der Teilsätze zu vergleichen. Man hat drei Möglichkeiten:

(1) Der untergeordnete Teilsatz STEHT VOR dem übergeordneten. Man nennt dies LINKSREKURSION. Wenn es sich um nur einen Gliedsatz handelt, ist dies unproblematisch. Wenn dieser Gliedsatz seinerseits Matrix für untergeordnete Gliedsätze ist, wird die syntaktische Struktur vorderlastig, vgl. *Wenn ich gewußt hätte, daß es heute schneit, wäre ich mit der Bahn gefahren.* Struktur der Anordnung: untergeordneter Gliedsatz *wenn ich gewußt hätte,* dem ein weiterer Gliedsatz untergeordnet ist: *daß es heute schneit;* es folgt ein übergeordneter Teilsatz: *wäre ich mit der Bahn gefahren.* Dagegen ist folgendes Satzgefüge schwer verständlich: *Wenn ich gewußt hätte, daß es heute schneit, obwohl die Wettervorhersage günstig war, wenn der Himmel auch bewölkt*

war, was er aber öfters ist, ohne daß es zu Niederschlägen kommt, hätte ich die Bahn genommen.

(2) Die untergeordneten Sätze werden in den übergeordneten Satz EINGEBETTET, vgl. dazu noch einmal den Anfang von Kellers „Sinngedicht" (S. 105) sowie als Überspitzung des Prinzips Tucholsky's Anweisung an einen Redner (S. 106). Diese Einbettung muß ebenfalls vorsichtig gehandhabt werden, sonst geht der Zusammenhang der übergeordneten Klammer verloren.

(3) Untergeordnete Sätze werden NACH RECHTS angereiht (RECHTSREKURSION), vgl. *Wenn ich es gewußt hätte, wäre ich mit der Bahn gekommen, obwohl die Wettervorhersage günstig war, wenn der Himmel auch bewölkt war, was er aber öfters ist, ohne daß es zu Niederschlägen kommt.*

Wenn nun Texte, die ja (meist) aus mehreren Sätzen bestehen, vorwiegend aus aneinandergereihten, gleichgeordneten Sätzen bestehen, spricht man von PARATAXE. Es ist dabei gleichgültig, ob es sich um kurze aneinandergereihte Sätze oder um längere Perioden mit koordinierten Sätzen, Teilsätzen oder auch Satzgliedern handelt. Wir führen im folgenden drei Beispiele mit PARATAKTISCHEM STIL an (es handelt sich wiederum um die Anfänge der genannten Werke):

> *Er tappte durch die dunkle Vorstadt. Die Häuser standen abgebrochen gegen den Himmel. Der Mond fehlte, und das Pflaster war erschrocken über den späten Schritt. Dann fand er eine alte Planke. Da trat er mit dem Fuß gegen, bis eine Latte morsch aufseufzte und losbrach. Das Holz roch mürbe und süß. Durch die dunkle Vorstadt tappte er zurück. Sterne waren nicht da.*
> (aus: Wolfgang Borchert „Die drei dunklen Könige")

> *Und da war Gnotke.*
> *Es war ein grauer Novembertag, und August Gnotke hatte einen Spaten in der Hand. Acht Meter lang war die Grube und zwei breit und anderthalb tief, an welche Gnotke, Aslang, Hubbe, Dinger und Gimpf die letzte Hand angelegt hatten. Unteroffizier Gnotke, Feldwebel Aslang, die Gefreiten Hubbe und Dinger und der Soldat Gimpf unterschieden sich in nichts voneinander. Sie trugen keine Schulterklappen und keinerlei Abzeichen, und ihre Hände und Gesichter waren ebenso wie die Uniformen, es schienen vor langer Zeit einmal Hände und Gesichter und Uniformen gewesen zu sein.*
> (aus: Theodor Plivier „Stalingrad")

> *Es war schon dunkel, als ich in Bonn ankam, ich zwang mich, meine Ankunft nicht mit der Automatik ablaufen zu lassen, die sich in fünfjährigem Unterwegssein herausgebildet hat: Bahnsteigtreppe runter, Bahnsteigtreppe*

rauf, Reisetasche abstellen, Fahrkarte aus der Manteltasche nehmen, Reisetasche aufnehmen, Fahrkarte abgeben, zum Zeitungsstand, Abendzeitungen kaufen, nach draußen gehen und ein Taxi heranwinken. Fünf Jahre lang bin ich fast jeden Tag irgendwo abgefahren und irgendwo angekommen, ich ging morgens Bahnhofstreppen rauf und runter und nachmittags Bahnhofstreppen runter und rauf, winkte Taxis heran, suchte in meinen Rocktaschen nach Geld, den Fahrer zu bezahlen, kaufte Abendzeitungen an Kiosken und genoß in einer Ecke meines Bewußtseins die exakt einstudierte Lässigkeit dieser Automatik.
(aus: Heinrich Böll „Ansichten eines Clowns")

AUFGABE 7.4: Kennzeichnen Sie die Unterschiede dieser drei parataktisch gebauten Textstücke.

Wenn jedoch Texte aus langen Sätzen mit vielen Matrixsätzen und komplexen Unterordnungsverhältnissen bestehen, spricht man von HYPOTAXE; z. B. beim Anfang von Handkes „Die Angst des Tormanns beim Elfmeter":

Dem Monteur Josef Bloch, der früher ein bekannter Tormann gewesen war, wurde, als er sich am Vormittag zur Arbeit meldete, mitgeteilt, daß er entlassen sei. Jedenfalls legte Bloch die Tatsache, daß bei seinem Erscheinen in der Tür der Bauhütte, wo sich die Arbeiter gerade aufhielten, nur der Polier von der Jause aufschaute, als eine solche Mitteilung aus und verließ das Baugelände.

Parataktische Texte können leicht langweilig werden. Die typische Kindererzählung mit *und da . . . und da . . . und dann*-Reihungen zeigt das. Hypotaktische Texte sind schwierig zu lesen, wenn sie sorglos gebaut sind; aber sie können die Komplexität eines Sachverhalts manchmal besser wiedergeben als parataktische. In dem Roman „Der Butt" von Günter Grass begründet der Ich-Erzähler, warum er komplexe Sätze schreibt:

„Mach ich ja, liebe Kollegen. Ich schreibe gestauchte Zeit. Ich schreibe, was ist, während anderes auch, überlappt von anderem, neben anderem ist oder zu sein scheint, während unbeobachtet etwas, das nicht mehr da zu sein schien, doch, weil verdeckt, blöd dauerte, nun einzig noch da ist: zum Beispiel die Angst."
„Genau, Kollege. So isses. Daß man nicht abschalten kann. Meistens was querläuft. Und die Kinder ja auch nich mal still. Sondern immer was außerdem. Nich grade Angst. Mehr son Gefühl irgendwie. Aber deine Langsätze, Kollegen, da ist genauso wenig ein Durchkommen. Bevor das aufhört, bin ich schon draußen. Kannste nich einfach?"
„Kann ich, Kollege. Kann ich."

Als Lena Stubbe, eine der vielen Köchinnen, die in mir hocken und raus wollen, im Jahr fünfundachtzig, während auf der Klawitterwerft gestreikt wurde, die Suppenküche für alle besorgte und die Streikkasse verwaltete, merkte sie an einem Montag, daß in der Kasse siebenhundertfünfundvierzig Mark fehlten, worauf sie zu ihrem Otto, der immer gleich zuschlug, wenn er ertappt wurde, nichts sagte und still hinhielt, als Otto nach den Kindern, die alle Zöpfchen trugen, auch sie, seine Lena, als Vater, Ehemann, Sozialist und Ankerschmied mit schwerer Hand durchschlug, bis er erschöpft war und weinen mußte, weil Otto nicht sein wollte, wie ich ihn in einem wieder zu langen Satz beschrieben habe, sondern klassenbewußt und solidarisch; denn noch kürzlich hatte Otto Stubbe gegen das Prügeln proletarischer Kinder und frühverbrauchter Arbeiterfrauen vor den Genossen in Adlers Brauhaus gesprochen: „Wir wollen ja keine Untertanen nich ranziehn, sondern, wie Bebel sagt, aufrechte Deutsche!"

AUFGABE 7.5: Wählen Sie ein Thema, schreiben Sie darüber zwei gleich lange Texte, einen überwiegend hypotaktischen und einen überwiegend parataktischen (s. in jedem Fall den Lösungshinweis).

8. Statt eines Schlußwortes

Otto Behaghel schließt seine vierbändige Deutsche Syntax mit folgender Entscheidung des Reichsversicherungsamts Nr. 3865:

> *... wollte man in dem hier zur Entscheidung stehenden Falle der Ansicht der Beklagten folgen und danach annehmen, daß eine Verpflichtung des Trägers der Unfallversicherung zur Gewährung von Krankenbehandlung dann nicht gegeben ist, wenn der Verletzte durch die Folgen seines Unfalls in seiner Erwerbsfähigkeit nicht beeinträchtigt ist, so würde dies dazu führen, daß in allen den Fällen, in denen es sich um eine Verletzung, wie etwa eine Fleischwunde, handelt, die zwar die Gebrauchsfähigkeit des betroffenen Körpergliedes nicht beeinträchtigt und deshalb die Erwerbsfähigkeit des Verletzten nicht mindert, die aber, wenn eine Heilung erfolgen und eine Verschlimmerung hintangehalten werden soll, der ärztlichen Behandlung bedarf, der Verletzte Krankenbehandlung nicht beanspruchen kann, ein Ergebnis, das mit der Absicht des Gesetzgebers, den Verletzten möglichst schnell und möglichst völlig wiederherzustellen und eine Verschlimmerung zu verhüten, schlechterdings nicht in Einklang zu bringen ist, zumal da der Verletzte dadurch gegenüber früher schlechter gestellt sein würde, während der Gesetzgeber durch die Vorschriften des zweiten Gesetzes, durch welche die Sachfürsorge in den Vordergrund gestellt und weiter ausgebaut worden ist, gerade das Gegenteil erreichen wollte.*

Wir schließen unsere Einführung in die Syntax mit folgendem Anfang einer Thomas-Mann-Parodie von Armin Eichholz:

Der wortwörtliche Leverknödel

Nach Thomas Mann

Wenn sich auch der Chronist zu wiederholten Malen mit dem beschämenden Gefühl artistischer Verfehlung und Unbeherrschtheit fast zum Abbrechen seiner Feder bemüßigt sah, weil den ihr entfließenden Worten ganz offensichtlich eine große Unruhe und Beschwertheit des Atemzuges eignete und weil außerdem, ja dies besonders, vom heutigen Leser – will sagen: von dem illiteraten Abc-Troglodyten in den neurotisch unterteuften Niederungen der neuzeitlichen Publizistik – beklagenswerterweise kaum zu erwarten ist, daß er jemals ein Gespür für die humanistisch-jokosen Festivitäten eines dem Satzende bis zum letzten

Schriftenzuge so heroischen Widerstand leistenden Syntaktomanen entwickeln könnte, – wenn sich auch der Chronist wiederholt, wie gesagt, fast dazu bemüßigt sah, so will es ihm jetzt angesichts des doch für ihn nun wieder ganz besonders mitteilenswürdigen Gute-Nacht-Gesprächs zwischen Mama und Tochter nachgerade nur zu ratsam scheinen, die ausharrende Geduld des Lesers annoch ein weiteres Mal zu strapazieren, – nicht ohne vorher in einer erneuten aber nichtsdestoweniger ebensowenig hintanzuhaltenden Abschweifung zu bekennen, daß die aus übervollen Händen eingestreuten Kommata und Gedankenstriche ein reines Zugeständnis an den insipiden Konservatismus der Setzer und Korrektoren sind, und daß, wenn es seinem eigenen Bedunken nach ginge, er das Ganze in einem einzigen dämonisch-enigmatischen Mammutfederstrich hinzuschreiben versucht wäre, – ein wahrhaft marksteinbildendes weiteres Mal zu strapazieren also meint der Chronist nämlich insofern, als besagtes Gespräch an eben jener Stelle, wo er (im Hinblick auf andere, der Aufzeichnung nicht minder harrende Nebenumstände) es fast schon verlassen wollte, dadurch endlich auf die allseits vorausgeahnte Katastrophe zusteuerte, daß die Tochter, als sie, nachdem sie, obwohl sie eines leichten Schnupfens nicht entriet, der Mama die Lippen zum Kusse gereicht hatte, zum letztenmal die Bettdecke zurechtzog, aufseufzend zu bemerken sich sich nicht zu verkneifen zu brauchen glaubte leisten zu dürfen:

„Ach, liebste Herzensmama, verzeihe bitte das vollständig abgewandelte Pronominaladjektiv, wenn ich dir gestehe: manch einer merkt's nie! Mit der ungeschlechtig endungslosen Form will ich gewiß nichts Ehrenrühriges wider meinen teueren Waldemar angedeutet haben, aber du verstehst ...“

„Platterdings ja, meine liebe Adelaide, – wenn hinwiederum nicht dich an meinem Umstandswort der unschöpferische Ausgang ‚-s‘ irritiert, der, wie du dich zweifellos erinnerst, einst aus dem Genetiv hierher verschleppt worden ist. Dabei fällt mir übrigens ein, daß auch mein anderes Umstandwort, das ‚einst‘ meine ich, auf einen alten Genetiv von ‚ein‘ zurückgeht. Ach ja, so haben ja wohl auch die Wörter ihre Wechseljahre ...“

„Um meine Beziehungen zu Waldemar auszudrücken, liebste Mama, scheinen mir die Genetivattribute immer noch weitaus passender zu sein als ein Umstandwort, – wenn du mir ausnahmsweise die Voranstellung eines so wichtigen finalen Nebensatzes erlauben möchtest ...“

„Aber ich bitte dich, mein Täubchen, – darfst du doch mein innerstes Mitfühlen schon aus dem zarten Diphthong meines Diminutivs heraus-

hören und vor allem aus dem ‚r' nach dem nicht haupttonigen Vokal meiner ebenfalls vorangestellten Konjunktion, – ein vertraulich perlendes Zäpfchen-R, meine Liebe, wie es zuerst um die Mitte des 17. Jahrhunderts in der feineren Gesellschaft Frankreichs üblich wurde . . ."

Wenn je das Wort „Entsetzen" unentbehrlich gewesen ist, um die Empfindung eines von den kalamitosen Ereignissen geradezu hinweggespülten Chronisten zum mindesten approximativ auszudrücken, so in diesem verhängnishaft tingierten Augenblick, da nach dem historisch-lustvollen Zäpfchen-R das Gaumensegel von Adelaidens Mama schlaff herabhing und ein Teil der Vorderzunge sich an die Spalte zwischen den künstlichen Gebißreihen legte, um die nächste Adjektiverweiterung mit einem Zahnspaltenlaut einzuleiten, wobei aber gleichzeitig ein stimmlos behauchter Verschlußlaut des Lippengebietes ein neues Umstandswort zu bilden trachtete . . . – eine nicht ganz ungefährliche orale Komplikation, die Adelaidens Mama mit energischen Hintergaumlauten beseitigen wollte aber gerade dadurch erst zur nunmehr unaufhaltsamen Katastrophe ausweitete, indem sich jetzt nämlich die seit langem angestaute Masse der Metaphern, Metonymien, Hyperbeln und Euphemismen hemmungslos in der Mundhöhle ergoß und hier – als eine Art wortwörtlicher Leverknödel sozusagen – den mütterlichen Atemweg auf eine sensationell-ridiküle aber leider auch todbringende Weise verschloß. Zu spät kamen Adelaidens herzpochend gestammelte Präteritopräsentien, zu spät auch ihre gut gemeinten Hilfszeitwörter . . . – noch bevor ihr der gebührend das Zäpfchen-R bewundernde Nebensatz zum Hauptsatze erstarrt war, hatte ihre unglückliche Mama das Leben ausgehaucht – wenn dem medizinisch unberatenen Chronisten diese pietätvoll-annoncierende Formel bei einem Totalverschluß der Luftröhre überhaupt verstattet sein mag.

Der sofort herbeigerufene Philologe konnte nur noch mit achselzuckender Sachlichkeit den exitus grammaticalis konstatieren . . .

9. Lösungshinweise zu den Aufgaben

• 0.3: (1) *In den verschiedenen Bundesländern ist die Lehrerausbildung unterschiedlich geregelt.* Kasus-Numerus-Genus-Kongruenz (=KNG-Kongruenz) im nominalen Satzglied.

(2) *Manche Bundesländer bilden Stufenlehrer aus, andere bilden Lehrer für die verschiedenen Schultypen aus.* Personen-Kongruenz zwischen Subjekt und Prädikat; KNG-Kongruenz wie in (1).

(3) *Übereinstimmung in der Sache besteht beim Primarstufenlehrer, der dem Grundschullehrer, dem ehemaligen Volksschullehrer, entspricht.* Numerus-Genus-Kongruenz zwischen Relativpronomen und Bezugsnomen; Kasus-Kongruenz zwischen Apposition und Bezugsnomen.

• 0.4: (1a) *Als* . . . oder *Nachdem* . . .; B
(1b) . . ., *während*; B
(2a) *Heute abend* . . . (o. ä.) bzw. *Gestern habe ich . . . überprüft;* C
(3a) . . . *fror* . . ., bzw. . . . *gefroren hatte;* A
(3b) . . . *kam* . . .; A

• 0.5: (1) Subjektsnomen, (2) attributive Adjektive, (3) Prädikate, (4) ganze Sätze.

• 0.6: (1) Bei den Folgen Nomen-Verb-Nomen ist von den Formen her der Kasus nicht zu entnehmen. Trotzdem Funktionsfolge Subjekt – Prädikat – Objekt, weil sonst eine unsinnige Bedeutung entsteht.

(2) Aus demselben Grund Folge Objekt – Prädikat – Subjekt.

(3) und (4) Die Folge Subjekt – Prädikat – Objekt ist in der Schriftsprache durch die Wortstellung gegeben. In der geschriebenen Sprache kann durch Betonung die Folge Objekt – Prädikat – Subjekt angezeigt werden.

• 0.7: *Wort* in natürlichem, vorschulischem Spracherwerb, also als Wort der Sprache; *Wortart:* beim Sprachunterricht, also als theoretischer Begriff.

• 1.2: (1) und (2) grammatische Kriterien, (3) grammatische und psychologisch/semantische Kriterien, (4) grammatische, psychologische, logische Kriterien (eine solche letzte Definition kann man nur verstehen, wenn man die verwendeten Begriffssysteme kennt).

• 1.3: (a): (1), (2), (3), (4); (b): (5), (6), (7), (9); (c): (8); (d): kommt nicht vor.

• 1.4: Numerierung der Sätze:
(1) Wieder an Bord! – (2) Es liegt mir daran, gleich in den ersten Zeilen dieser Niederschrift zu beweisen oder darzutun, daß ich noch zu den Gebildeten mich zählen darf. (3) Nämlich ich habe es in Südafrika zu einem Vermögen gebracht, und das bringen Leute ohne tote Sprachen, Literatur, Kunstgeschichte und Philosophie eigentlich am leichtesten und besten zustande. (4) Und so ist es im Grunde auch das Richtige und Dienlichste zur Ausbreitung der Kultur, denn man

kann doch nicht von jedem deutschen Professor verlangen, daß er auch nach Afrika gehe und sein Wissen an den Mann, das heißt an den Buschmann bringe oder es im Busche sitzenlasse, bloß um ein Vermögen zu machen.
(1) Kurzsatz; (2) Matrixsatz mit dem übergeordneten Teilsatz (Trägersatz, Hauptsatz) *Es liegt mir daran,* mit einem Infinitivsatz als Gliedsatz *gleich in den ersten zeilen dieser Niederschrift zu beweisen oder darzutun* und mit dem Gliedsatz *daß ich noch zu den Gebildeten mich zählen darf.* (3) Periode, die aus zwei einfachen Sätzen besteht: *Nämlich* . . . und *und das bringen* . . .; (4) Periode aus dem einfachen Satz *Und so* . . . und einem Matrixsatz *denn man* . . ., dieser Matrixsatz wiederum besteht aus einem einfachen Satz *denn man* . . . und einem Gliedsatz *daß er . . . sitzenlasse* (mehrere koordinierte Prädikate) und aus einem weiteren Infinitivsatz als Gliedsatz: *bloß um ein Vermögen zu machen.*

• 2.3: In Seminaren, in denen wir diese Übung gemacht haben, hat es sehr unterschiedliche Zählungen gegeben. Problematisch waren vor allem *Schrägheck- und Kombi-Limousinen* und *VW/Audi.*

• 2.4: (a) 26; (b) 27, *vom = von dem;* (c) 26, aber zweimal *und* und *vom = von dem;* (d) 22 oder 23, jeweils eines sind *das, der, die* und *m* (= *dem* aus *vom*), zweimal *und* und eventuell *sich tummeln.*

• 2.5: *richtiger:* Nom. Sg. Mask., Gen. Sg. Fem., Dat. Sg. Fem., Gen. Pl. sowie nicht flektierte Komparativform;
fragt: Präs. Sg. Ind. 3. Pers., Präs. Pl. Ind. 2. Pers., 2. Pers. Imperativ;
Büchern: Dat. Pl.

• 2.6: *Fuchs:* mindestens zwei: das Tier (Reinicke) und das Erstsemester in einer studientischen Verbindung. Ob beim ‚Schmetterling' und beim ‚Pferd' eigene lexikalische Wörter vorliegen oder Mehrdeutigkeiten zu ‚Reinicke', wird unterschiedlich beurteilt. Das gilt auch für die Bedeutungsvariante ‚schlauer Mensch'.
Acht: die Zahl *8,* die *Reichsacht* und *Acht geben;* letzteres manchmal auch als Bedeutungsvarianten zu Reichsacht gesehen. *hängen*: ein lexikalisches Wort mit den Varianten (1) wie in *die Wäsche hängt* (instransitiv), (2) wie in *er hängt das Bild an die Wand* (transitiv), (3) *etwas aufhängen* (Teil eines lexikalischen Wortes); weitere Varianten sind denkbar, vgl. *jemanden etwas anhängen.* Wenn sie mehrere Wörterbücher vergleichen, werden Sie unterschiedliche Lösungen finden.

• 3.1: (a) (1) morphologisch + syntaktisch, (2) morphologisch + syntaktisch, (3) semantisch + syntaktisch, (4) syntaktisch + morphologisch + semantisch, (5) semantisch, (6) syntaktisch. (b) Ja, vgl. z. B. Substantiv (1) und (6) und Nomen (5). In (4) heißt es „was geschieht oder was ist", in (5) heißt es „Sachverhalt".

• 3.2: Verben: *saß, wischte, war;*
Nomen: *Türschwelle, Schlaf, Augen, Sonnenscheine;*
Pronomen: *ich, der, mir, dem* (zweimal), *mir* (zweimal), *dem;*
Adjektiv: *warmen;*
Partikel: *auf, und, aus, so recht, wohl, in.*

• 3.3: Nomen: *Rad, Vaters, Mühle, Schnee, Dache, Sperlinge, Schlaf, Augen, Sonnenscheine, Türschwelle;*
Adjektiv: *lustig, emsig, warmen;*
Pronomen: *meines, sich, ich, mir* (zweimal);
Artikel: *das, der* (zweimal), *die, den* (zweimal), *dem* (zweimal, auch in *vom*).
Verb: *brauste, rauschte, tröpfelte, zwitscherten, tummelten, saß, wischte, war;*
Konjunktion: *und* (dreimal);
Präposition: *an, vom* (mit einklitischem Artikel), *auf, aus, in;*
Interjektion: keine im Text;
Adverb: *schon, wieder, recht* (zweimal), *dazwischen, so, wohl;* syntaktisch gesehen treten *lustig* und *emsig* im Text als Adverbien auf.

• 4.1: Wahrscheinlich haben sie wie folgt zerlegt: (1) *Er / klopfte / seinem Freund / anerkennend / auf die Schulter.*
(2) *Der Stationsvorsteher / winkte / das Mädchen mit der roten Mütze / mit seiner Pfeife / herbei.;* eventuell auch *das Mädchen / mit der roten Mütze;* eventuell auch *winkte herbei* als zusammengehörend angemerkt.

• 4.2: (1) *Seinem Freund klopfte er anerkennend auf die Schulter.; Auf die Schulter klopfte er seinem Freund anerkennend.* usw. Ergebnis: *Er / klopfte / seinem Freund / anerkennend / auf die Schulter.*
(2) *Mit seiner Pfeife winkte der Stationsvorsteher das Mädchen mit der roten Mütze herbei.; Der Stationsvorsteher mit der roten Mütze winkte das Mädchen mit seiner Pfeife herbei.; (?) Mit der roten Mütze winkte der Stationsvorsteher das Mädchen mit seiner Pfeife herbei.* usw. Ergebnis jedenfalls: *Der Stationsvorsteher / winkte / das Mädchen / mit der roten Mütze / mit seiner Pfeife / herbei.* Eventuell auch */mit seiner Mütze / mit der roten Pfeife.*

• 4.3: (a) Wer oder was tat es? – *der Stationsvorsteher*
(b) Was ist es, das getan wird oder geschieht? – *winkte das Mädchen mit der roten Mütze mit seiner Pfeife herbei*
(c) Wen oder was betrifft es? – *das Mädchen mit der roten Mütze*
(e) Wessen Mütze ist es? – *des Mädchens*
Wessen Pfeife ist es? – *seine* (des Stationsvorstehers oder des Mädchens)
(f) Womit geschieht es? – *mit seiner Pfeife*
Die anderen Fragen können hier nicht gestellt werden.

• 4.4: Vergleichen Sie die Lösungshinweise zu 4.1–4.3 und die Analyse des Satzes mit den ägyptischen Studenten.

• 4.6: Die nominalen Satzglieder ____
die verbalen Satzglieder . . . . .
die adverbialen Satzglieder . _ . _ .

Ein Mann hatte sieben Söhne und immer noch kein Töchterchen, so sehr er sich's auch wünschte. Endlich ward ihm auch ein Mädchen geschenkt. Die Freude war groß, aber das Kind war schmächtig und klein und sollte deshalb die Nottaufe bekommen. Der Vater schickte einen der Knaben eilends zur Quelle, damit er Taufwasser hole.

• 4.7: (1) *Stefan / verspürte / (plötzlich) / (heftige) / Schmerzen / (im Bauch).*

(2) Er / kam / (mit seinem (gereizten) Blinddarm) / (mitten in der Nacht) / (ins Krankenhaus).
Von den drei eingeklammerten Satzgliedern muß eigentlich eins bleiben – außer in Situationskontexten wie *Er kam, sah und siegte.* (3) *Auf der Aufnahmestation / wurde / er / (sofort) / untersucht.* Bei Umstellung *er wurde . . .* kann *auf der Aufnahmestation* entfallen.

• 4.8: (a) Satz (1) Subjekt: *Stefan,* Prädikat: *verspürte plötzlich heftige Schmerzen im Bauch,* Objekt: *heftige Schmerzen,* Attribut: *heftige,* adverbielle Bestimmungen: *plötzlich* und *im Bauch.*
Satz (2) Subjekt: *er,* Prädikat: *kam mit seinem gereizten Blinddarm mitten in der Nacht ins Krankenhaus,* Attribut: *seinem gereizten,* adverbielle Bestimmungen: *mit seinem gereizten Blinddarm, mitten in der Nacht* und *ins Krankenhaus.*
Satz (3) Subjekt: *er,* Prädikat: *wurde sofort untersucht,* adverbielle Bestimmungen: *auf der Aufnahmestation* und *sofort.*
(b) Adverbielle Bestimmungen sind manchmal, Attribute immer weglaßbar.

• 4.9: Enges Prädikat: *brachte,* Kriterium: finites Verb; weites Prädikat: *brachte Stefan eilig in den Operationssaal,* Kriterium: analytische Frage „Was tat der Krankenpfleger?"

• 4.10: Nominativ: *der Krankenpfleger* (Subjekt), Akkusativ: *den Jungen* (Objekt), finites Verb: *brachte* (enges Prädikat).

• 4.11: Subjekte sind unterstrichen

Vor etwa fünfundzwanzig Jahren, als die Naturwissenschaften eben wieder auf einem höchsten Gipfel standen, obgleich das Gesetz der natürlichen Zuchtwahl noch nicht bekannt war, öffnete Herr Reinhart eines Tages seine Fensterläden und ließ den Morgenglanz, der hinter den Bergen hervorkam, in sein Arbeitsgemach, und mit dem Frühgolde wehte eine frische Sommermorgenluft daher und bewegte kräftig die schweren Vorhänge und die schattigen Haare des Mannes.

• 4.12: *die Eltern:* Handelnde; *es:* „vorgreifendes" *es,* auch vorläufiges Subjekt genannt; der *daß*-Satz kann als Identifikationsgröße interpretiert werden. Im Gliedsatz *sie:* Agens; *ein Gewitter:* Geschehnisträger; *es:* impersonales *es* bei Witterungsverben; *das Fenster:* grammatisches Subjekt des Passivsatzes, grammatisch entspricht es dem Betroffenen, im Aktivsatz ist *es* Akkusativ, vgl. *Jemand macht das Fenster zu.*, im semantischen Sinne enthält der Passiv kein Agens und wird deshalb auch täterloses Passiv genannt.

• 4.13: weites Prädikat ist abgedruckt, enges unterstrichen:
eben wieder auf einem höchsten Gipfel standen
noch nicht bekannt war
öffnete eines Tages seine Fensterläden und ließ den Morgenglanz . . ., in sein Arbeitsgemach
hinter den Bergen hervorkam
wehte . . . daher und bewegte kräftig die schweren Vorhänge und die schattigen Haare des Mannes

• 4.14: Prädikatskerne sind unterstrichen, Prädikative sind unterpunktet, die Prädikate sind eingeklammert:
Ein Mann (hatte sieben Söhne und immer noch kein Töchterchen,) so sehr er (sich's auch wünschte). Endlich (ward ihm auch ein Mädchen geschenkt.) Die Freude (war groß), aber das Kind (war schmächtig und klein und sollte deshalb die Nottaufe bekommen). Der Vater (schickte einen der Knaben eilends zur Quelle, damit er (Taufwasser hole). Die andern sechs (liefen mit) und weil jeder (der erste beim Brunnen sein wollte), (fiel ihnen) der Krug (in den Brunnen.)
• 4.15: Akkusativobjekte sind unterstrichen, Dativobjekte unterpunktet:
Ein Mann hatte sieben Söhne und immer noch kein Töchterchen, so sehr er sich's auch wünschte. Endlich ward ihm auch ein Mädchen geschenkt. Die Freude war groß, aber das Kind war schmächtig und klein und sollte deshalb die Nottaufe bekommen. Der Vater schickte einen der Knaben eilends zur Quelle, damit er Taufwasser hole. Die andern sechs liefen mit, und weil jeder der erste beim Brunnen sein wollte, fiel ihnen der Krug in den Brunnen.
• 4.16: (a) *auf den Bus, um Feuer, mit dem ersten Angesprochenem, beim dritten;* (b) *auf den Bus, mit dem ersten Angesprochenem.*
• 4.18: temporal: *Vor etwa fünfundzwanzig Jahren; als die Naturwissenschaften eben wieder auf einen höchsten Gipfel standen* (darin enthalten: *eben wieder*); *noch nicht; eines Tages;* eventuell auch *mit dem Frühgolde,* wenn die Semantik von *Früh-* als überwiegend angesehen wird.
lokal: *auf einem höchsten Gipfel; in sein Arbeitsgemach; daher.* modal/kausal: *obgleich das Gesetz der natürlichen Zuchtwahl noch nicht bekannt war; mit dem Frühgolde* (aber s. oben); *kräftig.*
• 4.20: (a) *spät abends* (Bezug: Satz); *als K. ankam* (Satz); *in tiefem Schnee* (Prädikat); *vom Schloßberg* (Satz); *auch nicht* (konjunktionale Funktion, vgl. Kap. 7.2); *lange* (Satz); *von der Landstraße zum Dorf* (zeitweilig, bezieht sich auf den Gliedsatz); *in die scheinbare Leere* (Prädikat). Achtung! *empor* ist hier Verbzusatz, Probe; Wie würden Sie es in einem Gliedsatz schreiben?
• 4.21: *dunkelroter* (Adjektiv); *aus Bordeaux* (Präpositionalglied); *ein Faß* (nominales Glied); *der auf Flaschen gezogen werden soll* (attributiver Gliedsatz, Relativsatz); *wieviel wir trinken konnten* (Adjektiv); *in lustiger Runde* (Präpositionalglied), enthält *lustiger* (Adjektiv).
• 4.22: *Spätestens* (Adverb, adverbielle Bestimmung);
beim dritten Regenguß (Präpositionalglied, adverbielle Best.)
bedauern (Verb, enges Prädikat oder Prädikatskern);
bedauern an der falschen Stelle gespart zu haben (weites Prädikat, welches einen Infinitivsatz enthält, vgl. § 7.1);
viele Käufer von Schrägheck- und Kombi-Limousinen (nominales Glied mit Subjektfunktion), enthält als Einzelglieder:
viele Käufer (nominales Satzglied);
von Schrägheck- und Kombi-Limousinen (präpositionales Satzglied, das seinerseits zwei koordinierte nominale Satzglieder enthält);

an der falschen Stelle gespart zu haben (Infinitivsatz als Objekt, vgl. *Sie bedauern das falsche Sparen.*), enthält
an der falschen Stelle (Präpositionalglied als adverbielle Bestimmung) und
falschen (Adjektiv als Attribut) und
gespart zu haben (Infinitivkonstruktion aus Partizip + Infinitiv).

• 5.1: Sehr viele Kongruenzen. Beispiele:
Kasus-Numerus-Genus: *in den alten Zeiten*
Person-Numerus: *das Wünschen – hat*
Genus-Numerus: *König – dessen*
Genus: *Töchter – die alle* (im Plural können keine Genusunterschiede festgestellt werden)
constructio ad sensum: *das Königskind – sie – ihr*

• 5.2: (1) Grammatische Kongruenz, Artikelmarkierung von *das Fräulein* hat Übergewicht.
(2) Genuskongruenz zwischen *Ingrid* und *die Schönste, Fräulein* ist Attribut zu *Ingrid.*
(3) Constructio ad sensum.
(4) Vermischung von (2) und (3), die Person *Fischer* wird durch *das Fräulein* als weibliches Wesen gekennzeichnet.
(5) Entsprechend (4): männliches Wesen, es folgt die bei Eigennamen übliche Gleichsetzung von natürlichem und grammatischem Geschlecht.

• 5.3: Lösung analog 5.1.

• 5.4: *als:* Vergangenheit, Gleichsetzung von Gliedsatz und übergeordneten Teilsatz, z. B. *Als ich ins Zimmer kam, sortierte er Karten.*
nachdem: Vorvergangenheit des im Gliedsatz ausgedrückten Geschehens gegenüber dem im übergeordneten Teilsatz.

• 5.5: (a) In diesem Text wird die Zeitleistung der Tempora besonders deutlich. In neueren Analysen ist klargestellt, daß man die Tempora keineswegs mit einem eindimensionalen Ablaufen auf einer Zeitachse gleichsetzen kann. Man versucht mit einem Schema von SPRECHZEIT (Zeitpunkt, wann etwas gesprochen oder geschrieben wird), HANDLUNGSZEIT (Zeit, zu der die berichtete Handlung geschehen ist) und BETRACHTUNGSZEIT (durch Tempora und adverbielle Bestimmung ausgedrückte Perspektive) die Tempusleistungen der Sprache zu analysieren. Der Text bietet ein sehr komplexes Gefüge. Es wird in der Vergangenheitsperspektive (Erzähltempus: Präteritum) von einer Fahrt berichtet, auf der ein Eisberg gesichtet wurde *(war . . . bewußt).* Von dieser gesetzten Zeit des Textes aus wird nun in mehrerlei Hinsicht über die Entstehung des Eisberges in der Vergangenheit berichtet *(bevor . . . stürzte, war . . . gewesen, bildete einst, hatte . . . in Bewegung gesetzt),* sodann Wechsel zum historischen Präsens als Stilmittel lebendigen Erzählens *(gleitet ins Wasser).* Hinzu kommen Überlegungen über immer geltende und deshalb auch aktuell geltende Geschehnisse mit den Grönländischen Eisbergen, z. B. *Eispanzer bedekken das innere Grönlands, der Humboldt-Gletscher hat eine Front, die Front ist nicht massiv, der Gletscher ist gleitfähig.*

(b) Eine Umschreibung wird kaum gelingen oder einen äußerst langweiligen Text zur Folge haben.

• 6.1: *bewegt von einem leisen, kaum merklichen Gegenwind:* Spitzenstellung von *bewegt,* Nachstellung eines präpositionalen Satzgliedes; *anrückende:* Partizip Präsens als Adjektiv durch vorangestelltes Attribut *mählich* näher bestimmt.

• 6.2: (a) *Die vom Kultus- und vom Wissenschaftsminister gemeinsam angeordneten Brückenkurse, die mit Erlaß vom Mai 1978 inhaltlich festgelegt worden sind, müssen leider geplant werden, obwohl sie von den Studenten und Hochschullehrern abgelehnt werden.*
(b) Die Klammer vom ersten Artikel *Die* bis zum Nomen *Brückenkurse* ist zu groß.

• 6.3: (a) Verben sind unterstrichen und die finiten Verben zusätzlich eingeklammert:

Einem Soldaten namens George Fewkoombey (wurde) im Burenkrieg ins Bein geschossen, so daß ihm in einem Hospital in Kaptown der Unterschenkel amputiert werden (mußte). Er (kehrte) nach London zurück und (bekam) 75 Pfund ausbezahlt, dafür (unterzeichnete) er ein Papier, worauf (stand), daß er keinerlei Ansprüche mehr an den Staat (habe). 75 Pfund (steckte) er in eine kleine Kneipe in Newgate, die in letzter Zeit, wie er sich aus den Büchern, kleinen, mit Bleistift geführten, bierfleckigen Kladden, überzeugen (konnte), ihre reichlich 40 Schilling (abwarf.)

(b) In Matrixsätzen an zweiter Stelle, in Gliedsätzen an letzter Stelle.

• 6.4: Vorfeld . . . . . .
Mittelfeld ——
Nachfeld .–.–.–.

Einem Soldaten namens George Fewkoombey wurde im Burenkrieg ins Bein geschossen, so daß ihm in einem Hospital in Kaptown der Unterschenkel amputiert werden mußte. Er kehrte nach London zurück und bekam 75 Pfund ausbezahlt, dafür unterzeichnete er ein Papier, worauf stand, daß er keinerlei Ansprüche mehr an den Staat habe. 75 Pfund steckte er in eine kleine Kneipe in Newgate, die in letzter Zeit, wie er sich aus den Büchern, kleinen, mit Bleistift geführten, bierfleckigen Kladden, überzeugen konnte, ihre reichlich 40 Schilling abwarf.

• 6.5: Geltungsbereich ist unterstrichen:

(1) Ich holte den Sonnenschirm gestern abend nicht von der Terasse.
(2) Ich holte nicht den Sonnenschirm gestern abend von der Terasse.
(3) Ich holte den Sonnenschirm nicht gestern abend von der Terasse.
(4) Nicht ich holte gestern abend den Sonnenschirm von der Terasse.
(5) Gestern, aber nicht am Abend, holte ich den Sonnenschirm von der Terasse.
(6) Nicht von der Terasse holte ich gestern abend den Sonnenschirm.

Zu (1): als Satznegation nur bei Normalbetonung, sonst *von der Terasse.*

• 7.1 { *Sprich mit langen, langen Sätzen – solchen –, (bei denen du,* ⟨ *der du dich zu Hause,* 《 *wo du ja die Ruhe,* 《 *deren du so sehr benötigst,* 》 《 *deiner Kinder ungeachtet* 》 *hast,* 》 *vorbereitest,* ⟩ *genau weißt,* ⟨ *wie das Ende ist,* ⟩

(die Nebensätze schön eineinander geschachtelt, ⟨ so daß der Hörer, ⟪ ungeduldig auf seinem Sitz hin und her träumend, ⟫ ⟪ sich in einem Kolleg wähnend, ⟪⟪ in dem er früher so gern geschlummert hat, ⟫⟫ ⟫ auf das Ende einer solchen Periode wartet⟩)}.

• 7.2 *Bewegt von einem leisen, kaum merklichen Gegenwind:* adverbielle Bestimmung; *sanft überglänzt von der Nähe menschlichen Seins und Hausens:* in jedem Fall attributive Funktion. Denkbar wäre ein der Form nach adverbialer Konjuntionalsatz mit *während . . .,* der hier aber wohl als weiterführender Nebensatz (vgl. § 7.4) interpretiert werden müßte.

• 7.3: (a)

Glücklich ist,	übergeordneter Teilsatz	Prädikativ Prädikatskern	
wer vergißt,	Gliedsatz	Subjekt	
was nicht mehr zu ändern ist.	Gliedsatz		Objekt für *wer vergißt*

(b) *Den lieb ich, der Unmögliches begehrt.*

Übergeordneter Teilsatz mit dem Kern des Objekts *den*	attrivutiver Gliedsatz (Relativsatz) zu *den*

(c)

Er sagte es immer wieder,	Einfacher Satz übergeordneter Teilsatz mit dem „vorläufigen“ Objekt es als des Objekts	
daß es schofel wäre,	„eigentliches“ Objekt, bzw.	
alle Flaschen austrinken	Rest des Objekts	Infinitivsatz als Prädikativ zu *es schofel wäre*

(d) *Dich zu verwöhnen, ist all mein Bestreben.*

Subjekt	übergeordneter Teilsatz

(e)

Bei der Auflösung sind nur die einzelnen Teilsätze gekennzeichnet; die größeren Matrixzusammenhänge sind durch die Klammern der Aufgabenlösung 7.1 angegeben.

Übergeordneter Teilsatz: *Sprich mit langen, langen Sätzen – solchen; solchen* = Apposition
Attributsatz: *bei denen du . . . genau weißt*
Attributsatz: *der du dich zu Hause . . . vorbereitest*
Attributsatz: *wo du ja die Ruhe . . . hast*
Attributsatz: *deren du so sehr benötigst*
Partizipialkonstruktion: als Adverbialsatz: *deiner Kinder ungeachtet*
Objektsatz: *wie das Ende ist*
Partizipialkonstruktion als Adverbialsatz: *die Nebensätze schön ineinandergeschachtelt*
Adverbialsatz: *so daß der Hörer . . . auf das Ende einer solchen Periode wartet*
Partizipialkonstruktion als Adverbialsatz: *ungeduldig auf seinem Sitz hin und her träumend*
Partizipialkonstruktion als Adverbialsatz: *sich in einem Kolleg wähnend*
Attributsatz: *in dem er früher so gern geschlummert hat*

• 7.4: Borchert-Text: Kurze Sätze werden aneinandergereiht. Aus dem Satzmosaik entsteht das Bild des Durch-die-zerstörte-Vorstadt-Gehens.
Plivier: Viele nominale Satzglieder werden aneinandergereiht, häufig durch *und* verbunden. Aus der monotonen Aneinanderreihung entsteht das Bild der Kriegsmaschinerie, in der der Einzelne nur Glied einer Reihe ist.
Böll: Reihung im Prädikatsbereich, durch Kommata getrennt. Dadurch entsteht der Eindruck des hastigen Nacheinanders von Handlungen.

• 7.5: Zum Vergleich haben wir folgende Texte aus Bodmer „Die Sprachen der Welt" abgedruckt (S. 156f.):
a) Zusammengesetzte Sätze:

Obschon keine Sprache ohne schwere Arbeit zu erlernen ist, kann die dabei benötigte Anstrengung auch übertrieben werden. Oft tritt eine vermeidbare Enttäuschung ein, weil viele Menschen Wörter und Regeln auswendig lernen, die wir eigentlich gar nicht brauchen, wenn wir sprechen oder schreiben. Es gibt noch etwas anderes, das zur Bürde des Lernens hinzukommt. Viele profitieren von ihrer Lektüre nicht soviel wie sie eigentlich profitieren würden, wenn sie sich zuerst einen Überblick über die Grammatik verschaffen würden, um so die Regeln, die für den eigenen Gebrauch nicht wichtig sind, wiederzuerkennen, wenn sie sie in einem andern Zusammenhang antreffen. Wenn wir uns an die Aufgabe machen, wie die Leser dieses Buches, werden wir entdecken, daß die Anstrengung geringer ist, als wir glauben. Eine unserer Leserinnen, die Schwedisch lernen wollte, konnte nicht große Fortschritte machen, bevor sie dieses Buch gelesen hatte. Seitdem sie den hier angegebenen Studienplan befolgt, macht sie rasch Fortschritte. Sie fing an, schwedische Zeitungen zu lesen und mit einem Freund in Schweden zu korrespondieren, nachdem sie sich einen Überblick über die Grammatik ver-

schafft und sich mit ungefähr 100 wichtigen Partikeln, Pronomen und Demonstrativpronomen vertraut gemacht hatte. Ihr Wortschatz wuchs ohne weitere Anstrengung, und sie lernte die Grammatik besser, während sie mit ihrer täglichen Lektüre weiterkam und ihren Briefverkehr fortsetzte. Sie hat im Sinn, weiterzuarbeiten, bis sie Schwedisch vollkommen beherrscht.

b) Einfache Sätze:

Man kann keine Sprache ohne schwere Arbeit lernen. Immerhin, man kann die nötige Anstrengung auch übertreiben. Viele Menschen lernen Wörter und Regeln auswendig, ohne sich die Frage zu stellen: Brauchen wir sie beim Sprechen und Schreiben wirklich? Noch etwas kommt zur Bürde des Erlernens hinzu. Viele verschaffen sich vor dem Lesen keine allgemeine Übersicht über die Grammatik. Sie stoßen auf unwichtige Regeln. Diese braucht man beim eigenen Ausdruck nicht. Unsere Leser werden sich anders an ihre Aufgabe heranmachen. Sie werden dann ihre Mühe weniger groß finden. Eine unserer Leserinnen wollte Schwedisch lernen. Sie hatte vorher keinen Erfolg gehabt. Dann las sie dieses Buch. Sie folgte seinem Studienplan. Nun machte sie rasch Fortschritte. Zuerst verschaffte sie sich einen Überblick über die Grammatik. Sie machte sich auch mit ungefähr 100 wichtigen Partikeln, Pronomen und Demonstrativpronomen gründlich vertraut. Dann fing sie an, schwedische Zeitungen zu lesen und mit einem Freund in Schweden zu korrespondieren. Sie setzte ihre tägliche Lektüre fort und schrieb weiter Briefe. Unterdessen wuchs ihr Wortschatz ohne Anstrengung. Sie lernte nun auch die Grammatik besser. Sie ist noch nicht vollkommen in der schwedischen Sprache. Aber sie woll fortfahren.

10. Literaturverzeichnis

Abraham, Werner: Terminologie zur neueren Linguistik. Tübingen 1974.

Admoni, Wladimir: Der deutsche Sprachbau. München ^{3}1970 (^{1}1966).

Behaghel, Otto: Deutsche Syntax. Eine geschichtliche Darstellung. Band IV. Heidelberg 1932.

Bergenholtz, Henning/Mugdan, Joachim: Einführung in die Morphologie. Stuttgart 1979.

Bergenholtz, Henning/Schaeder, Burkhard: Die Wortarten des Deutschen. Versuch einer syntaktischen Klassfikation. Stuttgart 1977.

Bloomfield, Leonard: Language. London 12th reprint 1973 (zuerst USA 1933).

Bolinger, Dwight: Aspects of Language. New York usw. ^{2}1975 (^{1}1968).

Brinker, Klaus: Modelle und Methoden der strukturalistischen Syntax. Stuttgart 1977.

Bünting, Karl-Dieter: Einführung in die Linguistik. Kronberg/Ts. ^{7}1978 (^{1}1970).

Chomsky, Noam: Syntactic Structures. The Hague 1957.

Drach, Erich: Grundgedanken der deutschen Satzlehre. Darmstadt ^{4}1963, 1. Aufl. 1934.

Duden-4 bzw. Duden-Grammatik s. Grebe 1973.

Duden-10 bzw. Duden-Bedeutungswörterbuch s. Grebe/Köster/Müller 1970.

Eichler, Wolfgang/Bünting, Karl-Dieter: Deutsche Grammatik. Form, Leistung und Gebrauch der Gegenwartssprache. Kronberg/Ts. ^{2}1978 (^{1}1977)

Erben, Johannes: Deutsche Grammatik. Ein Abriß. München ^{11}1972 (^{1}1958).

Flämig, Walter: Zur grammatischen Klassifizierung des Wortbestandes im Deutschen; in: Beiträge zur Klassifizierung der Wortarten, hrsg. von Gerhard Helbig. Leipzig 1977, 39–52.

Glinz, Hans: Geschichte und Kritik der Lehre von den Satzgliedern in der deutschen Grammatik. Bern 1947.

Glinz, Hans: Deutsche Syntax. Stuttgart ^{3}1970 (^{1}1965).

Glinz, Hans: Die innere Form des Deutschen. Eine neue deutsche Grammatik. Bern/München ^{6}1973 (^{1}1952).

Grebe, Paul/Köster, Rudolf/Müller, Wolfgang: Duden Bedeutungswörterbuch. 24000 Wörter mit ihren Grundbedeutungen. Mannheim usw. 1970.

von Hahn, Walther/Fischer, Hartmut: Über die Leistung von Morphologisierungsalgorithmen bei Substantiven; in: Zeitschrift für Dokumentation und Linguistik 13, 1975, 130–150.

Harris, Zellig S.: Methods in Structural Linguistics. Chicago 1951.

Helbig, Gerhard/Buscha, Joachim: Deutsche Grammatik. Ein Handbuch für den Ausländerunterricht. Leipzig 1972.

Heupel, Carl: Taschenwörterbuch der Linguistik. München 1973.
Householder, Fred W. (Ed.): Syntaxtic Theory 1. Structuralist. Selected Readings. Harmondsworth 1972.
Hundsnurscher, Franz: Syntax; in: Lexikon der Germanistischen Linguistik, hrsg. von H. P. Althaus, H. Henne u. H. E. Wiegand. Tübingen 1973, 184–221.
Juilland, Alphonse/ Roceric, Alexandra: The Linguistic Concept of Word. Analytic Bibliography. The Hague/Paris 1972.
Lyons, John: Einführung in die moderne Linguistik; übers. von W. u. G. Abraham. München 1971 (engl. Original [1]1968).
Martinet, André: Grundzüge der Allgemeinen Sprachwissenschaft; übers. von Anna Fuchs. Stuttgart [4]1970 (franz. Original [1]1960).
Ries, John: Was ist ein Satz? Prag 1931.
Sapir, Edward: Die Sprache. Eine Einführung in das Wesen der Sprache; übers. von Conrad P. Homburger. München [2]1972 ([1]1961), (amer. Original [1]1921).
Schulz, Dora/Griesbach, Heinz: Grammatik der deutschen Sprache. [8]1970.
Seidel, Eugen: Geschichte und Kritik der wichtigsten Satzdefinitionen. Jena 1935.
Ullmann, St.: Grundzüge der Semantik. Die Bedeutung in Sprachwissenschaftlicher Sicht; über. von Susanne Koopmann. Berlin 1967 (engl. Original [1]1951).
Ulvestad, Bjarne: Corpus vs. Intuition in Syntactical Research; in: Empirische Textwissenschaft. Aufbau und Auswertung von Text-Corpora, hrsg. von Henning Bergenholtz u. Burkhard Schaeder. Königstein/Ts. 1979, 89–109.
Ulvestad, Bjarne/Bergenholtz, Henning: Es als „Vorgreifer" einer Objektsatzes; in: Deutsche Sprache (im Druck).
Wahrig, Gerhard: Deutsches Wörterbuch. Gütersloh 1973 ([1]1968).
Weinrich, Harald: Tempus. Besprochene und erzählte Welt. Stuttgart [2]1971 ([1]1964).
Welte, Werner: moderne linguistik/terminologie/bibliographie. München 1974.

Quellenverzeichnis

ADAC-Motorwelt 5/77. München 1977.

Frederick Bodmer: Die Sprachen der Welt. Geschichte. Grammatik. Wortschatz in vergleichender Darstellung. Aus dem Englischen übertragen von Rudolf Keller. Köln o. J.

Heinrich Böll: Ansichten eines Clowns. München 1969.

Wolfgang Borchert: Die drei dunklen Könige; in: Draußen vor der Tür und Ausgewählte Erzählungen. Reinbek bei Hamburg 1965.

Bertolt Brecht: Drei Groschen Roman. Reinbek bei Hamburg 1968.

Hermann Broch: Der Tod des Vergil. München 1965.

Georg Büchner: Der hessische Landbote; in: Sämtliche Werke. Gütersloh 1963.

Joseph von Eichendorff: Aus dem Leben eines Taugenichts. Stuttgart 1968.

Armin Eichholz: Der Wortwörtliche Leverknödel; in: In-Flagranti. Parodien. München 1955.

Theodor Fontane: Baron Botho von Rienäcker; in: Gesammelte Werke, Erste Serie, Bd. 5, Berlin o. J.

Günter Grass: Der Butt. Darmstadt/Neuwied 1977.

Grimms Märchen. Stuttgart 1971.

Peter Handke: Die Angst des Tormanns beim Elfmeter. Frankfurt a. M. 1970.

Franz Kafka: Das Schloß.

Gottfried Keller: Das Sinngedicht. Novellen. Stuttgart 1966.

Heinrich von Kleist: Polizeiliche Mitteilung; in: Sämtliche Werke und Briefe, Bd. 2, München o. J.

Theodor Plivier: Stalingrad. Berlin 1946.

Wilhelm Raabe. Stopfkuchen. in: Gesammelte Werke, Darmstadt o. J.

Regierungsentwurf. Gesetz über die wissenschaftlichen Hochschulen des Landes Nordrhein-Westfalen. Düsseldorf 1978.

Robert Stewart: Labrador. Die Wildnisse der Welt. Amsterdam 1977.

Kurt Tucholsky: Gesammelte Werke. Bd. 3. Hamburg 1960.

Westdeutsche Allgemeine Zeitung. Essen 28. 5. 1978.

Sachverzeichnis